音読から始める中国語

アイテム15

鄭 高咏 編著
Zheng Gaoyong

朝日出版社

音声ダウンロード

 音声再生アプリ「リスニング・トレーナー」新登場（無料）

朝日出版社開発のアプリ、「リスニング・トレーナー（リストレ）」を使えば、教科書の音声をスマホ、タブレットに簡単にダウンロードできます。どうぞご活用ください。

まずは「リストレ」アプリをダウンロード

▶ App Store はこちら　　　　▶ Google Play はこちら

アプリ【リスニング・トレーナー】の使い方

❶ アプリを開き、「コンテンツを追加」をタップ

❷ QRコードをカメラで読み込む　

❸ QRコードが読み取れない場合は、画面上部に 45346 を入力し「Done」をタップします

Webストリーミング音声

http://text.asahipress.com/free/ch/item15

はじめに

　本教材は初めて中国語を学ぶ方が、正しく話せるようになることを目指しています。正しい発音を身につけるため、短い文章を大きな声を出して音読することから始めます。正確に発音できるようになるまで、本文を何度も声に出して読み、その音を自分の耳にしっかりと刻み込んでください。音読を繰り返すうちに言葉が自分のものとなり、自然と「正しく話す」という目標を達成できるはずです。

　本教材は 15 の課で構成しています。各課とも最初に音読用の短文が登場します。そこには重要な文法も織り込んであります。まず短文の音読により発音を身につけ、次に文法を学びます。さらに、学習内容を確認するため、短文をピンイン無しで音読した後、短文を再編集した会話文へと進みます。発音と文法を習得できていれば、会話文は難しくないはずです。

　このほか、本教材は次のようなことを心掛けて編集しました。

１．音読の短文は４行以内に

　1 課から 15 課まで、音読の本文は 4 行以内にしました。渡辺さんを主人公に、彼の自己紹介や近況報告、友人との会食や旅行の話題などを取り上げています。まずは大きな声で、暗記するぐらいに何度も音読してください。

２．文法学習は平易な表現で

　各課とも本文中に重要な文法表現が織り込まれています。理解を容易にするため、例文はなるべくやさしい表現を使うよう心掛けました。

３．音読の短文を声調のみで再掲載

　音読の短文をピンイン無しで読めるようになったか確認するため、文法ポイントの後に短文をピンインを省いて再掲載しています。

４．練習問題も発音重視

　正しい発音を覚えるため、練習問題では単語の声調をたずねたり、ピンインだけを読んで、その意味を考えたりする質問を設けています。

５．会話のトレーニング

　各課とも練習問題の前に、音読の短文を応用した対話文を設けています。短文で学んだ発音を、実際の対話文を使って、さらに磨きをかけてください。

６．聞き取り練習も

　練習問題は 5 課ごとにレベルアップします。第 11 ～ 15 課ではヒアリング力の向上にも力点を置きます。文法もより複雑になり、練習では単語の語順をたずねる問題も登場します。

　このテキストを手に取ったらまずは音読してください。正確な発音を身につけ、そこに文法の知識が加われば、初級者を悩ます「中国語の壁」を軽々と乗り越えられるはずです。

　最後に出版にあたりご尽力いただいた朝日出版社の新美朱理様、上品で可愛らしいデザイン、イラストを描いてくださった富田淳子様に感謝いたします。

著者

目 次

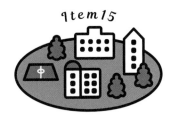

Item15

発音

中国語の学習経験がなくても、同じ漢字圏で暮らす日本人ならば、簡体字（中国大陸で使用する漢字）あるいは繁体字（台湾などで使用する漢字）を見ると、字体が違っていてもある程度の意味を類推することはできるでしょう。さらに「漢文」の知識があれば、現代中国語の文章の意味も多少は分かるはずです。

漢字は日中共用の文字です。しかし、日本語の音読みで発音しても中国人には全く通じません。漢字の発音は日中の大きな相違点であり、発音の習得が中国語学習の最初の大きなポイントとなります。中国語を学ぶには、まず漢字一文字ずつの正しい発音を覚えなければなりません。

ひとつの漢字は原則としてひとつの音節に対応します。そして、この音節は子音と母音から成り立っています。例えば「こんにちは」という意味の"你好"の"好"という漢字の音節は"hǎo"と表します。"h"が子音、"ao"が母音、"˅"は声調といいます。中国語では発音を表すのに、このような「ピンイン」と呼ぶ中国式ローマ字つづりを使います。

1 声調 ◀))1

声調には4つの種類があり、音の高さ・低さ・強さ・長さによって区別されます。これを「四声」と言います。同じローマ字つづりでも、声調が異なれば全く異なる意味となります。

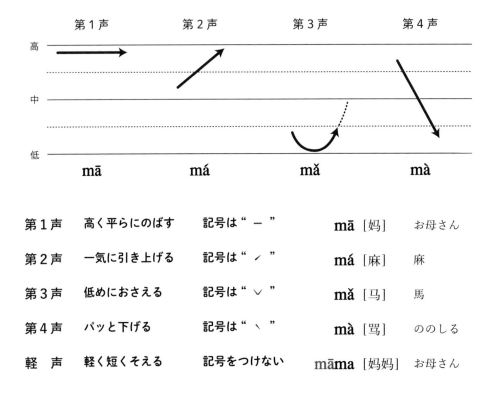

第1声	高く平らにのばす	記号は " ─ "	mā [妈]	お母さん
第2声	一気に引き上げる	記号は " ／ "	má [麻]	麻
第3声	低めにおさえる	記号は " ˅ "	mǎ [马]	馬
第4声	パッと下げる	記号は " ＼ "	mà [骂]	ののしる
軽声	軽く短くそえる	記号をつけない	māma [妈妈]	お母さん

2 単母音 ◀))) 2

a　口を大きくあけて、明るく「アー」

o　唇をまるく突き出して「オ」

e　「エ」の口の形で、のどの奥から出す「オ」

i　唇を横に引いて出す鋭い「イ」

u　唇を前に突き出して、のどの奥から出す「ウ」

ü　「ユ」の唇の形で「イ」

er　"e" を発音しながら舌先を奥へそりあげる

練 習

声調の違いに注意し、発音しなさい。

a —	ā	á	ǎ	à	o —	ō	ó	ǒ	ò
e —	ē	é	ě	è	i —	yī	yí	yǐ	yì
u —	wū	wú	wǔ	wù	ü —	yū	yú	yǔ	yù
er —	ēr	ér	ěr	èr					

3 複母音 ◀))) 3

母音が二つ以上連なっているものです。

ai	**ei**	**ao**	**ou**
ia (ya)	**ie** (ye)	**iao** (yao)	**iou** (you)
ua (wa)	**uo** (wo)	**uai** (wai)	**uei** (wei)
üe (yue)			

（　）内は前に子音がつかず、母音だけで音節になる時の表記

※ iou や uei は前に子音がつく時は「iou を iu、uei を ui」と表記します。

練習

声調の違いに注意し、発音しなさい。

| ai — | āi | ái | ǎi | ài | | ei — | ēi | éi | ěi | èi |

ai — āi ái ǎi ài   ei — ēi éi ěi èi

ao — āo áo ǎo ào   ou — oū oú oǔ où

ia — iā iá iǎ ià   ie — iē ié iě iè

iao — yāo yáo yǎo yào   iou — yōu yóu yǒu yòu

ua — wā wá wǎ wà   uo — wō wó wǒ wò

uai — wāi wái wǎi wài   uei — wēi wéi wěi wèi

üe — yuē yué yuě yuè

◇ 声調符号は母音の上につける

（1）　a があれば a のうえに　　　　　　→　hǎo　dà

（2）　a がなければ、e か o のうえに　　→　xué　duō

（3）　i, u が並べばうしろに　　　　　　→　zuì　qiú

（4）　母音一つは迷わずに　　　　　　　→　wǒ　nǐ

4 子音 🔊4

音節のアタマにくるものです。

	〈無気音〉	〈有気音〉	〈鼻音〉	〈摩擦音〉	〈有声音〉
唇音 <small>しんおん</small>	b (o)	p (o)	m (o)	f (o)	
舌尖音 <small>ぜっせんおん</small>	d (e)	t (e)	n (e)		l (e)
舌根音 <small>ぜっこんおん</small>	g (e)	k (e)		h (e)	
舌面音 <small>ぜつめんおん</small>	j (i)	q (i)		x (i)	
そり舌音 <small>じたおん</small>	zh (i)	ch (i)		sh (i)	r (i)
舌歯音 <small>ぜっしおん</small>	z (i)	c (i)		s (i)	

（　）内は子音練習用の母音

無気音と有気音

無気音　息をそっと出す

有気音　息をパッと出す

b－**p**　bo　po　　　**d**－**t**　de　te　　　**g**－**k**　ge　ke

j－**q**　ji　qi　　　**z**－**c**　zi　ci

そり舌音

舌先をそりあげるようにして発音します。

zh(i) ― **ch**(i)

　zh は無気音、息を抑えるように「ヂ」

　ch は有気音で、息を強く出して「チ」

zh(i)　　　　ch(i)

sh(i) ― **r**(i)

　sh は舌先を歯茎につけず隙間をあけて息
を通しながらのどを振動させないように「シ」

　r は sh と同じだが、のどをふるわせて
いきなり声を出して「ジ」

sh(i)　　　　r(i)

練 習

子音の違いに注意し、読み比べなさい。

(1) bō － pō　　(2) dē － tē　　(3) gē － kē　　(4) jī － qī

(5) zhī － chī　(6) zī － cī　　(7) dà － tà　　(8) jù － qù

5　鼻母音　🔊5

-n と -ng

-n　舌を上あごにつけて「ン」の
　　　音をせき止める

-ng　口を開けて息を鼻の方にぬく

-n　　　　-ng

◇ -n,-ng を伴う母音

| an | en | ang | eng | ong |

an   en   ang   eng   ong

ian   in   iang   ing   iong
(yan)   (yin)   (yang)   (ying)   (yong)

uan   uen   uang   ueng
(wan)   (wen)   (wang)   (weng)

üan   ün
(yuan)   (yun)

| 練 習 |

発音の違いに注意し、次の鼻母音を読み比べなさい。

(1) an － en　　(2) en － in　　(3) in － ün　　(4) ian － üan

(5) an － eng　　(6) eng － ong　　(7) ong － ing　　(8) ueng － uang

6 声調変化　🔊 6

(1) 第3声＋第3声　→　第2声＋第3声　（∨＋∨ → ╱＋∨）

nǐ hǎo［你好］　　　　hěn hǎo［很好］

声調記号は本来の3声のままにしておきます。

(2) bù［不］の声調変化

否定を表す"不"は本来第4声ですが、後ろに同じ4声が続く場合は、第2声に変化します。声調記号も変化した第2声に変えます。

bú xiè［不谢］　　　　bú kèqi［不客气］

(3) yī［一］の声調変化

本来は第1声ですが、次のように声調が変化します。

yī＋第4声　　　　　→　yí＋第4声　　　　　yídìng［一定］　yígòng［一共］

yī＋第1・2・3声　→　yì＋第1・2・3声　yìqǐ［一起］　yìzhí［一直］

7 r 化　🔊7

音声の末尾に、舌をそり上げて発音する〈r〉をつけることがあります。ただし、〈r〉の前の n, ng と複母音の -i はサイレントになります。

huār［花儿］　　wánr［玩儿］　　kòngr［空儿］　　xiǎoháir［小孩儿］
（変化なし）　　　（-n 脱落）　　　　（鼻音化）　　　（複母音の -i 脱落）

8 隔音マーク［'］　🔊8

a, o, e で始まる音節が他の音節の後に続く場合、音節の切れ目をはっきりさせるためにつけます。

kě'ài［可爱］　　　nǚ'ér［女儿］

知っておきたい　あいさつ10　🔊9

Nǐ hǎo.	你好。	こんにちは.
Nǐmen hǎo.	你们好。	みなさんこんにちは.
Huānyíng guānglín.	欢迎光临。	ようこそいらっしゃいました.
Xièxie.	谢谢。	ありがとう.
Bú kèqi.	不客气。	ご遠慮なく.
Duìbuqǐ.	对不起。	すみません.
Méi guānxi.	没关系。	なんでもありません.
Máfan nǐ le.	麻烦你了。	お手数をかけました.
Nǐ máng ma？	你忙吗？	お忙しいですか.
Zàijiàn.	再见。	さようなら.

item15

1

第1課　初対面

音読と理解・1 🔊10

你　好！我　姓　渡边，我　叫　渡边　阳太。我
Nǐ　hǎo!　Wǒ　xìng　Dùbiān,　wǒ　jiào　Dùbiān　Yángtài.　Wǒ

是　日本人。我　是　大学生。我　是　关东大学　的
shì　Rìběnrén.　Wǒ　shì　dàxuéshēng.　Wǒ　shì　Guāndōngdàxué　de

学生。请　多　关照！
xuésheng.　Qǐng　duō　guānzhào!

語句 音読&ポイント　🔊11 -

你 nǐ あなた　　你好 nǐ hǎo こんにちは　　我 wǒ わたし　　姓 xìng ～という姓である　　叫 jiào (名前などが)～という　　是 shì (…は)～だ　　日本人 Rìběnrén 日本人　　大学生 dàxué shēng 大学生　　大学 dàxué 大学　　关东大学 Guāndōngdàxué 関東大学　　的 de の　　学生 xuésheng 学生　　请 qǐng どうぞ～してください　　多 duō 大いに、多い　　关照 guānzhào 世話をする　　贵姓 guìxìng 姓、名字(敬語)　　什么 shénme 何の、何　　名字 míngzi 名前　　老师 lǎoshī 先生　　留学生 liúxuéshēng 留学生　　中国人 Zhōngguórén 中国人　　吗 ma ～か　　朋友 péngyou 友達　　爸爸 bàba 父、お父さん

Point 1 人称代名詞 🔊12

	単数	複数
一人称	我 wǒ （わたし、ぼく）	我们 wǒmen （私たち）　　咱们 zánmen 　　　（私たち、聞き手を含む）
二人称	你 nǐ　　　您 nín （あなた）　（二人称の敬語）	你们 nǐmen （あなたたち）
三人称	他 tā　　　她 tā （彼）　　　（彼女）	他们 tāmen　　她们 tāmen （彼ら）　　　（彼女たち）

Point 2 名前の尋ね方と答え方 🔊13

▶ 名字（姓）を言うときは"姓"xìng を使う。

您 **贵姓**? — 我 **姓** 渡边。
Nín guìxìng?　　　Wǒ xìng Dùbiān.

▶ フルネームを言うときは"叫"jiào を使う。

你 **叫** 什么 名字? — 我 **叫** 渡边 阳太。
Nǐ jiào shénme míngzi?　　　Wǒ jiào Dùbiān Yángtài.

她 **叫** 什么 名字? — 她 **叫** 王 月。
Tā jiào shénme míngzi?　　　Tā jiào Wáng Yuè.

Point 3 動詞"是"shì 「AはBである」 🔊14

他 **是** 老师。　　她 **是** 留学生。
Tā shì lǎoshī.　　Tā shì liúxuéshēng.

我 **是** 学生。　　我 **是** 日本人。
Wǒ shì xuésheng.　　Wǒ shì Rìběnrén.

④ 疑問を表す"吗"ma　　「～か」　🔊15

你 是 中国人 **吗**?
Nǐ　shì Zhōngguórén ma?

他 是 老师 **吗**?
Tā　shì　lǎoshī　ma?

⑤ 構造助詞"的"de　　「～の…」　🔊16

他 是 我 **的** 朋友。
Tā　shì　wǒ　de　péngyou.

她 是 我们 大学 **的** 学生。
Tā　shì　wǒmen　dàxué　de　xuésheng.

我 爸爸　　　我们 老师　　　我们 大学
wǒ　bàba　　　wǒmen　lǎoshī　　　wǒmen　dàxué

＊ 家族、人間関係や所属の場合は省略することが多い。

音声を聞きながらピンインなしで読んでみましょう。　🔊17

你 好! 我 姓 渡边, 我 叫 渡边 阳太。我 是
日本人。我 是 大学生。我 是 关东大学 的 学生。
请 多 关照!

14

Dialoge

名前を尋ねてみよう　■))18　　　　　　　　　　対話・1

渡边：
Dùbiān :

我 姓 渡边，我 叫 渡边 阳太。
Wǒ xìng Dùbiān, wǒ jiào Dùbiān Yángtài.

你 叫 什么 名字？
Nǐ jiào shénme míngzi?

王月：
WángYuè :

我 叫 王 月。
Wǒ jiào Wáng Yuè.

渡边：
Dùbiān :

你 是 中国 留学生 吗？
Nǐ shì Zhōngguó liúxuéshēng ma?

王月：
WángYuè :

我 是 中国 留学生。请 多 关照！
Wǒ shì Zhōngguó liúxuéshēng. Qǐng duō guānzhào!

語句　対話&その他　　■))19　- -

中国 Zhōngguó 中国　　**日本** Rìběn 日本　　**韩国** Hánguó 韓国　　**越南** Yuènán ベトナム
美国 Měiguó アメリカ　　**加拿大** Jiānádà カナダ　　**英国** Yīngguó イギリス　　**法国** Fǎguó フランス

1 音声を聞いて声調記号をつけなさい。　🔊20

(1)	(2)	(3)	(4)
（新入生）	（学生証）	（定期券）	（履修単位）
xinsheng	xueshengzheng	yuepiao	xuefen
新生	学生証	月票	学分

2 音声のあとについて音読し、日本語訳も書きなさい。　🔊21

(1) Wǒ xìng Dùbiān.

(2) Wǒ jiào Dùbiān Yángtài.

(3) Wǒ shì Rìběnrén.

(4) Wǒ shì dàxuéshēng.

(5) Tā shì wǒ de péngyou.

3 日本語訳を参考にしながら、音声を聞いて空欄にピンインを書きなさい。　🔊22

(1) Wǒ _____ Dùbiān Yángtài.　（わたしは渡辺陽太と言います。）

(2) Wǒ shì _____.　（わたしは日本人です。）

(3) Qǐng _____ guānzhào!　（どうぞよろしくお願いします。）

(4) Wǒmen shì _____ péngyou.　（わたしたちは仲の良い友達です。）

4 この課の内容に基づいた答えを中国語の簡体字で書きなさい。

(1) 日本学生叫什么名字？　　　Rìběn xuésheng jiào shénme míngzi?

　　　➡ 他 ....

(2) 中国留学生叫什么名字？　　Zhōngguó liúxuéshēng jiào shénme míngzi?

　　　➡ 她 ....

(3) 渡边是大学生吗？　　　　　Dùbiān shì dàxuéshēng ma?

　　　➡ 他 ....

5 中国語に訳し、音読しなさい。

(1) 彼女は先生ですか。

　　　➡ ....

(2) わたしは大学生です。

　　　➡ ....

(3) どうぞよろしくお願いします。

　　　➡ ....

6 自己紹介文を完成させ、初対面の挨拶をしなさい。

你好！我姓 ....，我叫 ....。我是日本人。我是 ....大学的学生。请多关照！

2

第2課　楽しい

Item15

音読と理解・2　🔊23

这　是　日式　点心，这个　点心　很　好吃。那
Zhè　shì　rìshì　diǎnxin,　zhège　diǎnxin　hěn　hǎochī.　Nà

是　日本茶，那个　茶　也　很　好喝。
shì　Rìběn　chá,　nàge　chá　yě　hěn　hǎohē.

我　的　朋友　也　都　特别　可爱。我　每天　很
Wǒ　de　péngyou　yě　dōu　tèbié　kě'ài.　Wǒ　měitiān　hěn

愉快。
yúkuài.

語句　音読＆ポイント　🔊24

这 zhè これ、それ　　日式 rìshì 日本式　　点心 diǎnxin お菓子　　这个 zhège (zhèige) この、その　　很 hěn とても　　好吃 hǎochī（食べて）おいしい　　那 nà あれ、それ　　茶 chá 茶　　那个 nàge (nèige) その、あの　　也 yě ～も　　好喝 hǎohē（飲んで）おいしい　　都 dōu いずれも、みんな　　特别 tèbié 非常に、特に　　可爱 kě'ài 可愛い　　每天 měitiān 毎日　　愉快 yúkuài 楽しい　　忙 máng 忙しい　　不 bù ～でない、～しない　　天气 tiānqì 天気　　汉语 Hànyǔ 中国語　　难 nán 難しい　　音乐 yīnyuè 音楽　　好听 hǎotīng（聞いて）すばらしい、美しい　　好 hǎo よい　　最近 zuìjìn 最近　　怎么样 zěnmeyàng どうですか　　生活 shēnghuó 生活

18

Point 1 指示代名詞 25

这 zhè （この、その；これ、それ）	那 nà （その、あの；あれ、それ）	哪 nǎ （どれ、どの）
这个 zhège (zhèige) （この、その；これ、それ）	那个 nàge (nèige) （その、あの；あれ、それ）	哪个 nǎge (něige) （どれ、どの；どちら、どちらの）

Point 2 形容詞述語文 「〜はどのようだ」 S ＋ "很" hěn ＋ 形容詞 26

我 很 愉快。
Wǒ hěn yúkuài.

她 很 可爱。
Tā hěn kě'ài.

他 很 忙。
Tā hěn máng.

这个 很 好吃。
Zhège hěn hǎochī.

Point 3 否定を表す "不" bù 「〜ではない」「〜ない」 27

我 不 是 留学生。
Wǒ bú shì liúxuéshēng.

天气 不 好。
Tiānqì bù hǎo.

汉语 不 难。
Hànyǔ bù nán.

Point 4　副詞 "也" yě 「～も」と "都" dōu 「どちらも、みんな」　🔊28

我 **也** 是 大学生。
Wǒ　yě　shì　dàxuéshēng.

那个 音乐 **也** 很 好听。
Nàge　yīnyuè　yě　hěn　hǎotīng.

他们 **都** 是 我 的 好 朋友。
Tāmen　dōu　shì　wǒ　de　hǎo péngyou.

Point 5　疑問詞 "怎么样" zěnmeyàng　「～はどうですか」　🔊29

你们 最近 **怎么样**？
Nǐmen　zuìjìn　zěnmeyàng?

大学 的 生活 **怎么样**？
Dàxué　de shēnghuó zěnmeyàng?

这个 音乐 **怎么样**？
Zhège　yīnyuè　zěnmeyàng?

音声を聞きながらピンインなしで読んでみましょう。　🔊30

这 是 日式 点心，这个 点心 很 好吃。那 是 日本 茶，那个 茶 也 很 好喝。

我 的 朋友 也 都 特别 可爱。我 每天 很 愉快。

日本の生活はどう？　◀))31

第2課

渡边：**日本 的 生活 怎么样？**
Dùbiān :　Rìběn　de　shēnghuó　zěnmeyàng?

王月：**很 愉快。**
WángYuè :　Hěn　yúkuài.

渡边：**食堂 的 饭 好吃 吗？**
Dùbiān :　Shítáng　de　fàn　hǎochī　ma?

王月：**很 好吃。**
WángYuè :　Hěn　hǎochī.

渡边：**太 好 了！**
Dùbiān :　Tài　hǎo　le!

語句　対話＆その他　◀))32 ---

食堂 shítáng 食堂　　**饭** fàn ご飯　　**太〜了** tài~le とても〜、〜すぎる　　**香蕉** xiāngjiāo バナナ
苹果 píngguǒ リンゴ　　**草莓** cǎoméi イチゴ

1 音声を聞いて声調記号をつけなさい。　🔊33

(1) （うどん）
(2) （おにぎり）
(3) （サンドイッチ）
(4) （カレーライス）

(1) wudongmian
乌冬面

(2) fantuan
饭团

(3) sanmingzhi
三明治

(4) galifan
咖喱饭

2 音声のあとについて音読し、日本語訳も書きなさい。　🔊34

(1) Zhè shì Rìběn chá. ....

(2) Zhège chá hěn hǎohē. ....

(3) Nàge píngguǒ hěn hǎochī. ....

(4) Nàge yīnyuè hěn hǎotīng. ....

(5) Nàge rén hěn kě'ài. ....

3 日本語訳を参考にしながら、音声を聞いて空欄にピンインを書きなさい。　🔊35

(1) Zhōngguó chá .... hěn hǎohē.　（中国茶もおいしいです。）

(2) Dàxué de shēnghuó ....?　（大学生活はどうですか。）

(3) Wǒ zuìjìn .... máng.　（わたしは最近忙しくありません。）

(4) Hànyǔ .... ma?　（中国語は難しいですか。）

4 この課の内容に基づいた答えを中国語の簡体字で書きなさい。

(1) 日式点心怎么样？　　　　Rìshì diǎnxin zěnmeyàng?

➡ ....

(2) 日本的生活怎么样？　　　Rìběn de shēnghuó zěnmeyàng?

➡ ....

(3) 食堂的饭怎么样？　　　　Shítáng de fàn zěnmeyàng?

➡ ....

5 中国語に訳し、音読しなさい。

(1) 天気はどうですか。

➡ ....

(2) わたしも楽しいです。

➡ ....

(3) わたしたちはみんな仲良しです。

➡ ....

6 次の文章を完成させ、大学生活を紹介しなさい。

我们大学食堂的饭 ....，茶也 ....。我的朋友也都

特别 ....。我每天 ....。你们怎么样？

Item15

3

第3課　週末

音読と理解・3 🔊36

我　星期六　上午　去　大学，　下午　打工，　晚上
Wǒ　xīngqīliù　shàngwǔ　qù　dàxué,　xiàwǔ　dǎgōng,　wǎnshang

回　家。我　星期天　上午　学习　英语　和　汉语，
huí　jiā.　Wǒ　xīngqītiān　shàngwǔ　xuéxí　Yīngyǔ　hé　Hànyǔ,

下午　看　电影。你　星期天　做　什么？
xiàwǔ　kàn　diànyǐng.　Nǐ　xīngqītiān　zuò　shénme?

語句　**音読&ポイント**　🔊37

星期六 xīngqīliù 土曜日　　上午 shàngwǔ 午前　　去 qù 行く　　下午 xiàwǔ 午後　　打工 dǎgōng アルバイトする　　晚上 wǎnshang 晚　　回 huí 帰る、戻る　　家 jiā 家　　星期天 xīngqītiān 日曜日　　学习 xuéxí 学ぶ、勉強する　　英语 Yīngyǔ 英語　　和 hé ～と　　看 kàn 見る、読む　　电影 diànyǐng 映画　　做 zuò する、作る　　听 tīng 聞く　　知道 zhīdào 知っている、わかる　　吃 chī 食べる　　炒饭 chǎofàn 炒飯　　今天 jīntiān 今日　　来 lái 来る　　明天 míngtiān 明日　　东京 Dōngjīng 東京　　明年 míngnián 来年　　留学 liúxué 留学する　　后天 hòutiān 明後日　　电视 diànshì テレビ　　几 jǐ いくつ　　哪儿 nǎr どこ　　什么时候 shénme shíhou いつ　　谁 shéi (shuí) 誰

24

ᵖᵒⁱⁿᵗ 1 曜日の言い方 🔊38

星期一	星期二	星期三	星期四	星期五
xīngqīyī	xīngqī'èr	xīngqīsān	xīngqīsì	xīngqīwǔ

星期六	星期天／星期日
xīngqīliù	xīngqītiān　xīngqīrì

ᵖᵒⁱⁿᵗ 2 動詞述語文　S＋V＋O 🔊39

我 **去** 大学。
Wǒ qù dàxué.

我 **听** 音乐。
Wǒ tīng yīnyuè.

我 **不 知道** 他 的 名字。
Wǒ bù zhīdào tā de míngzi.

你 **吃** 炒饭 吗？ — 吃。／ 不 吃。
Nǐ chī chǎofàn ma?　　Chī.　Bù chī.

ᵖᵒⁱⁿᵗ 3 時を表すことばの位置　動詞よりも前におく。 🔊40

他 **今天** 来 日本。
Tā jīntiān lái Rìběn.

他 **明天** 去 东京。
Tā míngtiān qù Dōngjīng.

我 **明年** 留学。
Wǒ míngnián liúxué.

明天 和 后天 我 都 来 大学。
Míngtiān hé hòutiān wǒ dōu lái dàxué.

Point ④ 疑問詞疑問文　　平叙文の語順と同じである。　🔊 41

你 最近 **怎么样**？　— 我 最近 很 忙。
Nǐ zuìjìn zěnmeyàng?　　Wǒ zuìjìn hěn máng.

你 星期天 做 **什么**？　— 我 看 电视。
Nǐ xīngqītiān zuò shénme?　　Wǒ kàn diànshì.

你 星期**几** 打工？　— 我 星期六 打工。
Nǐ xīngqījǐ dǎgōng?　　Wǒ xīngqīliù dǎgōng.

你 去 **哪儿**？　— 我 去 大学。
Nǐ qù nǎr?　　Wǒ qù dàxué.

你 **什么 时候** 留学？　— 我 明年 留学。
Nǐ shénme shíhou liúxué?　　Wǒ míngnián liúxué.

谁 吃 苹果？　— 我 吃 苹果。
Shéi chī píngguǒ?　　Wǒ chī píngguǒ.

音声を聞きながらピンインなしで読んでみましょう。　🔊 42

　　我 星期六 上午 去 大学，下午 打工，晚上 回 家。我 星期天 上午 学习 英语 和 汉语，下午 看 电影。你 星期天 做 什么？

Dialoge

スターバックスに行こう　🔊43

第3課

渡边: **明天　上午　你　来　大学　吗？**
Dùbiān　　Míngtiān shàngwǔ nǐ　lái　dàxué　ma?

王月: **上午　不　去，下午　去。**
Wáng Yuè　Shàngwǔ bú　qù,　xiàwǔ　qù.

渡边: **下课　后，一起　喝　咖啡，好　吗？**
Dùbiān :　Xiàkè　hòu,　yìqǐ　hē　kāfēi,　hǎo　ma?

王月: **好　啊。我们　去　哪儿？**
Wáng Yuè :　Hǎo　a.　Wǒmen　qù　nǎr?

渡边: **去　车站　附近　的　星巴克　吧。**
Dùbiān :　Qù　chēzhàn　fùjìn　de　Xīngbākè　ba.

語句 対話＆その他　🔊44　- -

下课 xiàkè 授業が終わる　　后 hòu 後、のち　　一起 yìqǐ 一緒に　　喝 hē 飲む　　咖啡
kāfēi コーヒー　　啊 a ～よ、～ね　　车站 chēzhàn 駅、バス停　　附近 fùjìn 付近、近く
星巴克 Xīngbākè スターバックス　　吧 ba ～しましょう、～でしょう

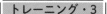

1 音声を聞いて声調記号をつけなさい。　🔊45

(1)	(2)	(3)	(4)
（マクドナルド）	（ケンタッキー）	（サイゼリヤ）	（ピザハット）
Maidanglao	Kendeji	Saliya	Bishengke
麦当劳	肯德基	萨莉亚	必胜客

2 音声のあとについて音読し、日本語訳も書きなさい。　🔊46

(1)　Xīngqīyī qù dàxué.　..

(2)　Xīngqī'èr dǎgōng.　..

(3)　Xīngqīsān xuéxí.　..

(4)　Xīngqīsì kàn diànshì.　..

(5)　Xīngqīwǔ tīng yīnyuè.　..

3 日本語訳を参考にしながら、音声を聞いて空欄にピンインを書きなさい。　🔊47

(1)　Wǒ xuéxí ....　（わたしは中国語を勉強します。）

(2)　Tā xuéxí ....　（彼は英語を勉強します。）

(3)　Wǒ .... qù.　（わたしは午前に行きます。）

(4)　Tā xiàwǔ ....　（彼は午後に来ます。）

4 この課の内容に基づいた答えを中国語の簡体字で書きなさい。

(1) 渡边星期六上午去哪儿？　Dùbiān xīngqīliù shàngwǔ qù nǎr?

　➡ 他 ....

(2) 渡边星期几学习汉语？　Dùbiān xīngqījǐ xuéxí Hànyǔ?

　➡ 他 ....

(3) 他们一起做什么？　Tāmen yìqǐ zuò shénme?

　➡ 他们 ....

5 中国語に訳し、音読しなさい。

(1) 彼は誰ですか。

　➡ ....

(2) わたしたちはいつ行きますか。

　➡ ....

(3) あなたは何を食べますか。

　➡ ....

6 次の文章を完成させ、あなたの週末を紹介しなさい。

　　我星期六上午 .... ，下午 .... 。我星期天上午 .... ，下午 .... 。

Item15

4

第4課 誕生日

音読と理解・4　🔊))48

五 月 七 日 是 我 的 生日。我 今年 十九
Wǔ yuè qī rì shì wǒ de shēngri. Wǒ jīnnián shíjiǔ

岁。 我 喜欢 吃 巧克力， 也 喜欢 吃 巧克力
suì. Wǒ xǐhuan chī qiǎokèlì, yě xǐhuan chī qiǎokèlì

蛋糕。 我 还 喜欢 唱 歌， 我 常常 和 朋友
dàngāo. Wǒ hái xǐhuan chàng gē, wǒ chángcháng hé péngyou

一起 唱 卡拉OK。
yìqǐ chàng kǎlā OK.

語句　音読&ポイント　🔊))49 -

月 yuè 月　　日 rì 日　　生日 shēngri 誕生日　　今年 jīnnián 今年　　岁 suì 歳　　喜欢 xǐhuan 好きである、好む　　巧克力 qiǎokèlì チョコレート　　蛋糕 dàngāo ケーキ　　还 hái さらに、その上、まだ　　唱 chàng 歌う　　歌 gē 歌　　常常 chángcháng いつも　　卡拉 OK kǎlā OK カラオケ　　号 hào 日　　多大 duō dà 何歳　　多少钱 duōshao qián いくら　　百 bǎi 百　　日元 rìyuán 日本円　　动漫 dòngmàn アニメ　　猫 māo 猫　　狗 gǒu 犬　　辣 là 辛い　　跟 gēn ～と　　同学 tóngxué 同級生、クラスメート　　吃饭 chīfàn 食事をする　　坐 zuò 乗る、座る　　电车 diànchē 電車　　姐姐 jiějie 姉、お姉さん

Point 1 年月日の言い方 ◀))50

2002	年	4	月	1	日
èrlínglíngèr	nián	sì	yuè	yī	rì

2003	年	6	月	2	号
èrlínglíngsān	nián	liù	yuè	èr	hào

2021	年	7	月	10	日
èrlíngèryī	nián	qī	yuè	shí	rì

2025	年	9	月	18	号
èrlíngèrwǔ	nián	jiǔ	yuè	shíbā	hào

◇ 数字いろいろ

一	二	三	四	五	六	七	八	九	十
yī	èr	sān	sì	wǔ	liù	qī	bā	jiǔ	shí

十一	十二	二十	一百	一千	一万
shíyī	shí'èr	èrshí	yìbǎi	yìqiān	yíwàn

Point 2 名詞述語文 名詞（日付、曜日、年齢、金額など）が述語になる文 ◀))51

今天 **几 号**？ — 今天 **六 号**。
Jīntiān jǐ hào? Jīntiān liù hào.

今天 **星期几**？ — 今天 **星期五**。
Jīntiān xīngqījǐ? Jīntiān xīngqīwǔ.

你 今年 **多 大**？ — 我 今年 **十九 岁**。
Nǐ jīnnián duō dà? Wǒ jīnnián shíjiǔ suì.

这个 **多少 钱**？ — 这个 **一百 日元**。
Zhèige duōshao qián? Zhèige yìbǎi rìyuán.

ᵖᵒⁱⁿᵗ ③ 動詞 "喜欢" xǐhuan 「〜（すること）が好きである」 🔊52

他 **喜欢** 看 动漫。
Tā xǐhuan kàn dòngmàn.

我 **喜欢** 猫，也 **喜欢** 狗。
Wǒ xǐhuan māo, yě xǐhuan gǒu.

他 **不 喜欢** 吃 辣 的。
Tā bù xǐhuan chī là de.

ᵖᵒⁱⁿᵗ ④ "和 hé ／ 跟 gēn 〜 一起 yìqǐ" 「〜と一緒に」 🔊53

我 **和**／**跟** 朋友 **一起** 吃饭。
Wǒ hé gēn péngyou yìqǐ chīfàn.

我 **和**／**跟** 同学 **一起** 坐 电车。
Wǒ hé gēn tóngxué yìqǐ zuò diànchē.

她 **和**／**跟** 她 姐姐 **一起** 去 美国。
Tā hé gēn tā jiějie yìqǐ qù Měiguó.

音声を聞きながらピンインなしで読んでみましょう。 🔊54

五月 七日 是 我 的 生日。我 今年 十九
岁。我 喜欢 吃 巧克力，也 喜欢 吃 巧克力 蛋糕。
我 还 喜欢 唱 歌，我 常常 和 朋友 一起 唱
卡拉 OK。

Dialoge

映画を見るのが好き　🔊 55

第4課

渡边：　**你 的 生日 几 月 几 号？**
Dùbiān：　Nǐ de shēngri jǐ yuè jǐ hào?

王月：　**六 月 十一 号。**
WángYuè：　Liù yuè shíyī hào.

渡边：　**你 喜欢 做 什么？**
Dùbiān：　Nǐ xǐhuan zuò shénme?

王月：　**我 喜欢 看 电影。**
WángYuè：　Wǒ xǐhuan kàn diànyǐng.

星期六 我 和 同学 一起 看 电影。
Xīngqīliù wǒ hé tóngxué yìqǐ kàn diànyǐng.

語句 対話＆その他　🔊 56 -

面包 miànbāo パン　　土司 tǔsī トースト　　牛奶 niúnǎi 牛乳　　酸奶 suānnǎi ヨーグルト
果汁 guǒzhī ジュース　　橙汁 chéngzhī オレンジジュース　　可乐 kělè コーラ　　电影票
diànyǐngpiào 映画のチケット　　电影院 diànyǐngyuàn 映画館　　音乐会 yīnyuèhuì コンサート

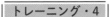

1 音声を聞いて声調記号をつけなさい。　🔊57

(1)	(2)	(3)	(4)
（ハンバーガー）	（ピザ）	（スパゲッティ）	（ホットドッグ）
hanbaobao	bisabing	yidalimian	regou
汉堡包	比萨饼	意大利面	热狗

2 音声のあとについて音読し、日本語訳も書きなさい。　🔊58

(1)　èrlínglíngyī nián jiǔ yuè　..

(2)　Jīntiān liù yuè shíyī hào.　..

(3)　Wǒ jīnnián èrshí suì.　..

(4)　Nǐ xǐhuan chī shénme?　..

(5)　Wǒ xǐhuan chī hànbǎobāo.　..

3 日本語訳を参考にしながら、音声を聞いて空欄にピンインを書きなさい。　🔊59

(1)　Wǒ .... wǒmen dàxué.　（わたしはわたしたちの大学が好きです。）

(2)　Jīntiān shì wǒ de ....　（今日はわたしの誕生日です。）

(3)　Wǒ .... tā .... zuò diànchē.　（わたしは彼と一緒に電車に乗ります。）

(4)　Wǒmen .... gē.　（わたしたちは歌を歌います。）

Training

4 この課の内容に基づいた答えを中国語の簡体字で書きなさい。

(1) 渡边的生日几月几号？　　Dùbiān de shēngri jǐ yuè jǐ hào?

➡ 他的 ....

(2) 渡边今年多大？　　Dùbiān jīnnián duō dà?

➡ 他 ....

(3) 渡边喜欢做什么？　　Dùbiān xǐhuan zuò shénme?

➡ 他 ....

5 中国語に訳し、音読しなさい。

(1) わたしはトーストが好きです。

➡ ....

(2) 彼女はお姉さんと一緒にケーキを食べます。

➡ ....

(3) 彼は同級生と一緒に食事をします。

➡ ....

6 次の文章を完成させ、あなたの好みを紹介しなさい。

我喜欢 .... [好きな食べ物]，　我喜欢 .... [好きな飲み物]。

我喜欢 .... [好きなこと]。

第4課

5 第5課 兄弟姉妹

音読と理解・5 🔊60

我 有 一 个 姐姐， 还 有 一 个 弟弟。 我
Wǒ yǒu yí ge jiějie, hái yǒu yí ge dìdi. Wǒ

没有 哥哥， 也 没有 妹妹。 我 姐姐 在 东京
méiyǒu gēge, yě méiyǒu mèimei. Wǒ jiějie zài Dōngjīng

上学。 我 弟弟 现在 高三， 明年 打算 参加
shàngxué. Wǒ dìdi xiànzài gāosān, míngnián dǎsuàn cānjiā

高考。 他 每天 都 去 补习学校 学习。
gāokǎo. Tā měitiān dōu qù bǔxíxuéxiào xuéxí.

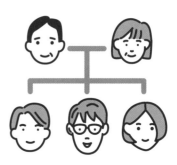

語句 音読&ポイント 🔊61 -

有 yǒu ある、いる、持つ　**个** ge (広くモノを数える)〜個、〜人　**弟弟** dìdi 弟　**没有** méiyǒu ない、持っていない　**哥哥** gēge 兄、お兄さん　**妹妹** mèimei 妹　**在** zài 〜で　**上学** shàngxué 学校に通う　**现在** xiànzài 現在　**高三** gāosān 高校三年生　**打算** dǎsuàn 〜するつもりである　**参加** cānjiā 参加する　**高考** gāokǎo 大学の入学試験　**补习学校** bǔxí xuéxiào 予備校　**现金** xiànjīn 現金　**手机** shǒujī 携帯電話　**电脑** diànnǎo パソコン　**大阪** Dàbǎn 大阪　**工作** gōngzuò 仕事、仕事する　**晚饭** wǎnfàn 夕飯　**见面** jiànmiàn 会う　**买** mǎi 買う　**东西** dōngxi 物、品物　**买东西** mǎi dōngxi 買い物する　**骑** qí (バイク・自転車などに)乗る　**自行车** zìxíngchē 自転車　**将来** jiānglái 将来

Point 1 所有を表す "有" yǒu 　　「ある」「いる」「持っている」 人 + "有" 🔊 62

她 **有** 很 多 朋友。
Tā yǒu hěn duō péngyou.

他 **没有** 现金。
Tā méiyǒu xiànjīn.

我 **有** 手机，**没有** 电脑。
Wǒ yǒu shǒujī, méiyǒu diànnǎo.

Point 2 前置詞 "在" zài 　　「～で」 場所を表す。 🔊 63

她 **在** 大阪 工作。
Tā zài Dàbǎn gōngzuò.

我们 **在** 车站 见面。
Wǒmen zài chēzhàn jiànmiàn.

我 **不 在** 家 吃 晚饭。
Wǒ bú zài jiā chī wǎnfàn.

Point 3 連動文 　　行われた動作の順に並べる。 動詞1（＋目的語1）＋動詞2（＋目的語2）
🔊 64

他们 **来** 日本 **买** 东西。
Tāmen lái Rìběn mǎi dōngxi.

我 **去** 中国 **学习** 汉语。
Wǒ qù Zhōngguó xuéxí Hànyǔ.

她 **骑** 自行车 **来** 大学。
Tā qí zìxíngchē lái dàxué.

Point 4 助動詞 "打算" dǎsuàn　　「～するつもりである」「～する予定である」　🔊 65

明天　我 **打算** 去 买 东西。
Míngtiān wǒ dǎsuàn qù mǎi dōngxi.

明年　我 **打算** 去 中国　留学。
Míngnián wǒ dǎsuàn qù Zhōngguó liúxué.

将来 你 **打算** 做 什么　工作？
Jiānglái nǐ dǎsuàn zuò shénme gōngzuò?

音声を聞きながらピンインなしで読んでみましょう。　🔊 66

我 有 一 个 姐姐，还 有 一 个 弟弟。我 没有 哥哥，也 没有 妹妹。我 姐姐 在 东京 上学。我 弟弟 现在 高三，明年 打算 参加 高考。他 每天 都 去 补习学校 学习。

38

東京へ遊びに行く予定　■))67

王月：　我　没有　兄弟姐妹。你　呢？
WángYuè：　Wǒ　méiyǒu　xiōngdìjiěmèi.　　Nǐ　ne?

渡边：　我　有　一　个　姐姐，还　有　一　个　弟弟。
Dùbiān：　Wǒ　yǒu　yí　ge　jiějie,　hái　yǒu　yí　ge　dìdi.

王月：　你　姐姐　也　是　大学生　吧？
WángYuè：　Nǐ　jiějie　yě　shì　dàxuéshēng　ba?

渡边：　对。她　在　东京　上学。暑假　我　打算　去　东京
Dùbiān：　Duì.　Tā　zài　Dōngjīng　shàngxué.　Shǔjià　wǒ　dǎsuàn　qù　Dōngjīng

玩儿。
wánr.

第5課

語句　対話＆その他　　■))68 -

兄弟姐妹 xiōngdì jiěmèi 兄弟姉妹　　**呢** ne 〜は？〈疑問を表す〉　　**对** duì その通りだ、正しい
暑假 shǔjià 夏休み　　**玩儿** wánr 遊ぶ　　**大三** dàsān 大学三年生　　**爷爷** yéye（父方の）祖父
奶奶 nǎinai（父方の）祖母　　**姥爷** lǎoye（母方の）祖父　　**姥姥** lǎolao（母方の）祖母　　**妈妈**
māma 母、おかあさん

第5課　兄弟姉妹 │ 39

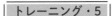

1 音声を聞いて声調記号をつけなさい。　📢》69

(1) （教室）

(2) （図書館）

(3) （教科書）

(4) （かばん）

jiaoshi
教室

tushuguan
图书馆

keben
课本

shubao
书包

2 音声のあとについて音読し、日本語訳も書きなさい。　📢》70

(1) Wǒ yǒu gēge.　　　　..

(2) Wǒ yě yǒu dìdi.　　　..

(3) Wǒ méiyǒu jiějie.　　..

(4) Wǒ yě méiyǒu mèimei.　..

(5) Tā lái Rìběn xuéxí.　　..

3 日本語訳を参考にしながら、音声を聞いて空欄にピンインを書きなさい。　📢》71

(1) Tā .... Dōngjīng shàngxué.　　（彼は東京で学校に通っています。）

(2) Tā .... dàsān.　　（彼女はいま大学 3 年生です。）

(3) Wǒ .... cānjiā.　　（わたしは参加する予定です。）

(4) Wǒmen zài Rìběn ....　（わたしたちは日本で会います。）

4 この課の内容に基づいた答えを中国語の簡体字で書きなさい。

(1) 渡边有弟弟吗？　　　　　　Dùbiān yǒu dìdi ma?

　　➡ 他 _____

(2) 渡边的姐姐在哪儿上学？　　Dùbiān de jiějie zài nǎr shàngxué?

　　➡ 她 _____

(3) 王月有兄弟姐妹吗？　　　　Wáng Yuè yǒu xiōngdìjiěmèi ma?

　　➡ 她 _____

5 中国語に訳し、音読しなさい。

(1) 彼女は家でテレビを見ます。

　　➡ _____

(2) 彼は自転車で駅に行きます。

　　➡ _____

(3) わたしたちは買い物に行く予定です。

　　➡ _____

6 次の文章を完成させ、兄弟姉妹を紹介しなさい。

我有 _____，我没有 _____。

我 _____[兄弟姉妹の一人を説明する]。

Item15

6 | 第6課　旅行

音読と理解・6　🔊72

这　张　照片　上　的　风景　太　美　了。我　想
Zhè zhāng zhàopiàn shang de fēngjǐng tài měi le. Wǒ xiǎng

去　那儿　旅游。我　打算　在　网上　预订　机票　和
qù nàr lǚyóu. Wǒ dǎsuàn zài wǎngshàng yùdìng jīpiào hé

酒店。现在　正好　打　七折。你们　去　不去？你们
jiǔdiàn. Xiànzài zhènghǎo dǎ qīzhé. Nǐmen qù buqù? Nǐmen

暑假　有　没有　时间？
shǔjià yǒu meiyǒu shíjiān?

語句　音読&ポイント　🔊73 ------------------------------------

张 zhāng 枚　　照片 zhàopiàn 写真　　上 shàng 〜の上〈多く軽声で〉　　风景 fēngjǐng 風景
美 měi 美しい　　想 xiǎng 〜したい　　那儿 nàr そこ、あそこ　　旅游 lǚyóu 旅行する　　网上
wǎngshàng ネット上　　预订 yùdìng 予約する　　机票 jīpiào 航空券　　酒店 jiǔdiàn ホテル
正好 zhènghǎo ちょうど、ちょうどよい　　打七折 dǎ qīzhé 3割引する　　时间 shíjiān 時間
杂志 zázhì 雑誌　　书 shū 本　　两 liǎng 二つ、2　　衣服 yīfu 服　　事 shì 用事、事柄
肉包子 ròu bāozi 肉まん　　拉面 lāmiàn ラーメン　　冲绳 Chōngshéng 沖縄

Point 1 場所代名詞 🔊74

这儿 zhèr／这里 zhèli　　那儿 nàr／那里 nàli　　哪儿 nǎr／哪里 nǎli
（ここ）　　　　　　　　（そこ、あそこ）　　　　（どこ）

Point 2 量詞の使い方 🔊75

① 「数詞 + 量詞 + 名詞」

~**个**　「~人」「~個」　一 **个** 弟弟　　两 **个** 苹果
ge　　　　　　　　　yí ge dìdi　　liǎng ge píngguǒ

~**本**　「~冊」　　三 **本** 杂志　　四 **本** 书
běn　　　　　　　sān běn zázhì　　sì běn shū

~**张**　「~枚」　　五 **张** 机票　　六 **张** 照片
zhāng　　　　　　wǔ zhāng jīpiào　　liù zhāng zhàopiàn

~**件**　「~着」「~件」　两 **件** 衣服　　一 **件** 事
jiàn　　　　　　　　liǎng jiàn yīfu　　yí jiàn shì

② 「指示代名詞 + 量詞 + 名詞」　「この / あの / どの ~」

这 张 照片　　（この写真）
zhè zhāng zhàopiàn

那 本 书　　（その本）
nà běn shū

哪 件 衣服　　（どの服）
nǎ jiàn yīfu

3 助動詞 "想" xiǎng 「〜したい」 🔊76

我 **想** 吃 肉包子。
Wǒ xiǎng chī ròubāozi.

她 **不 想** 吃 拉面。
Tā bù xiǎng chī lāmiàn.

你 **想** 去 哪儿 旅游？ ─ 我 **想** 去 冲绳。
Nǐ xiǎng qù nǎr lǚyóu? Wǒ xiǎng qù Chōngshéng.

4 反復疑問文 述語を「肯定 ＋ 否定」の形にする。 🔊77

他 **是 不是** 渡边？
Tā shì bushì Dùbiān?

你 **有 没有** 时间？
Nǐ yǒu meiyǒu shíjiān?

你 **去 不去** 大学？
Nǐ qù buqù dàxué?

这个 **好吃 不好吃**？
Zhèige hǎochī buhǎochī?

＊ 文末に "吗" は不要。

音声を聞きながらピンインなしで読んでみましょう。 🔊78

这 张 照片 上 的 风景 太 美 了。我 想 去 那儿 旅游。我 打算 在 网上 预订 机票 和 酒店。现在 正好 打 七折。你们 去 不去？你们 暑假 有 没有 时间？

Dialoge

割引があって安い　🔊79

王月：这 张 票 太 便宜 了！我 也 想 买。
WángYuè：Zhèi zhāng piào tài piányi le! Wǒ yě xiǎng mǎi.

阿部：在 网上 买，很 便宜。现在 打 七折。
Ābù：Zài wǎngshàng mǎi, hěn piányi. Xiànzài dǎ qīzhé.

王月：是 不是 这 个 网站？
WángYuè：Shì bushì zhèi ge wǎngzhàn?

阿部：是 这个。现在 买 衣服 也 打折。
Ābù：Shì zhèige. Xiànzài mǎi yīfu yě dǎzhé.

王月：衣服 打 五折。
WángYuè：Yīfu dǎ wǔzhé.

语句 対話＆その他　🔊80 -

票 piào チケット　便宜 piányi 安い　网站 wǎngzhàn ウェブサイト　打折 dǎzhé 割引する
打五折 dǎ wǔzhé 5割引する　贵 guì （値段が）高い　网购 wǎnggòu ネットショッピングをする
网课 wǎngkè オンライン授業

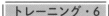

1 絵を見ながら音声を聞き、習った語句の簡体字を書きなさい。　🔊81

(1) lǎoshī
簡体字 _____

(2) Hànyǔ
簡体字 _____

(3) Yīngyǔ
簡体字 _____

(4) xuéxí
簡体字 _____

(5) hǎochī
簡体字 _____

(6) hǎohē
簡体字 _____

(7) hǎotīng
簡体字 _____

(8) kě'ài
簡体字 _____

2 音読し、日本語訳も書きなさい。

(1) Tài piányi le! ....

(2) Xiànzài dǎ wǔzhé. ....

(3) Wǒ xiǎng qù nàr lǚyóu. ....

(4) Nǐ xǐhuan buxǐhuan gǒu? ....

3 音声を聞いて空欄に中国語を書きとり、音読しなさい。　🔊82

(1) 你 _____ 时间？

(2) 你 _____ 吃好吃的？

4 絵を見ながら音声を聞き、読まれた順に番号をふりなさい。　🔊83

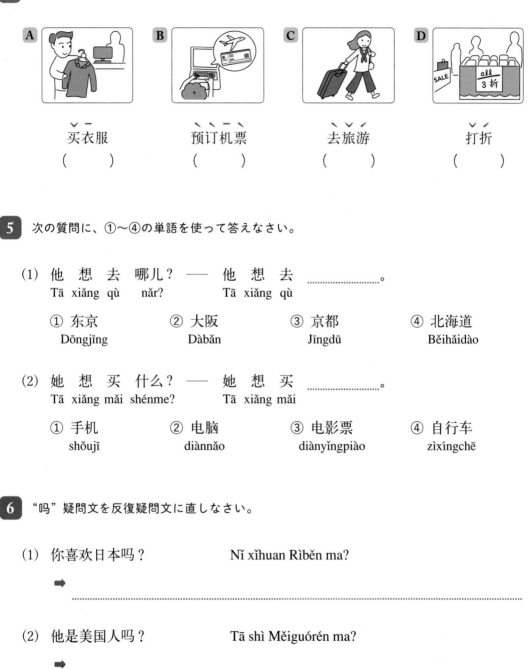

A　　　　　　　B　　　　　　　C　　　　　　　D

买衣服　　　　预订机票　　　　去旅游　　　　打折
(　　　)　　　(　　　)　　　(　　　)　　　(　　　)

5 次の質問に、①～④の単語を使って答えなさい。

(1)　他　想　去　哪儿？ —— 他　想　去 ....。
　　 Tā xiǎng qù　nǎr?　　　 Tā xiǎng qù

　　① 东京　　　② 大阪　　　③ 京都　　　④ 北海道
　　 Dōngjīng　　 Dàbǎn　　　 Jīngdū　　　 Běihǎidào

(2)　她　想　买　什么？ —— 她　想　买 ....。
　　 Tā xiǎng mǎi shénme?　　 Tā xiǎng mǎi

　　① 手机　　　② 电脑　　　③ 电影票　　　④ 自行车
　　 shǒujī　　　 diànnǎo　　 diànyǐngpiào　 zìxíngchē

6 "吗"疑問文を反復疑問文に直しなさい。

(1)　你喜欢日本吗？　　　　　Nǐ xǐhuan Rìběn ma?

　　➡ ....

(2)　他是美国人吗？　　　　　Tā shì Měiguórén ma?

　　➡ ....

(3)　这张票便宜吗？　　　　　Zhèi zhāng piào piányi ma?

　　➡ ....

Item 15

7 | 第7課 病院

音読と理解・7 📢 84

昨天 我 有点儿 不 舒服，头疼，还 发烧。
Zuótiān wǒ yǒudiǎnr bù shūfu, tóuténg, hái fāshāo.

我 去 医院 看病 了，医生 给 我 开了 两 种
Wǒ qù yīyuàn kànbìng le, yīshēng gěi wǒ kāile liǎng zhǒng

药。我 吃了 药，今天 好 一点儿 了。昨天 和
yào. Wǒ chīle yào, jīntiān hǎo yìdiǎnr le. Zuótiān hé

今天 我 都 没 去 上课，明天 要 去 上课。
jīntiān wǒ dōu méi qù shàngkè, míngtiān yào qù shàngkè.

語句 音読&ポイント 📢 85 -

昨天 zuótiān 昨日 　 有点儿 yǒudiǎnr 少し 　 舒服 shūfu 気分がよい 　 头疼 tóuténg 頭が痛い 　 发烧 fāshāo 熱が出る 　 医院 yīyuàn 病院 　 看病 kànbìng 診察を受ける 　 了 le ～した、～になった 　 医生 yīshēng 医者 　 给 gěi ～に 　 开(药) kāi(yào) (薬を)処方する 　 种 zhǒng 種類 　 药 yào 薬 　 吃药 chī yào 薬を飲む 　 一点儿 yìdiǎnr 少し 　 没(有) méi(you) ～しなかった、～していない 　 上课 shàngkè 授業に出る、授業が始まる 　 要 yào ～するつもりだ、～したい 　 杯 bēi 杯 　 红茶 hóngchá 紅茶 　 外国 wàiguó 外国 　 发 fā (メールや手紙などを)出す、送る 　 微信 wēixìn ウィーチャット 　 回信 huíxìn 返信する 　 打电话 dǎ diànhuà 電話をかける 　 高兴 gāoxìng うれしい

Point ① 二つの "了" le ◀》86

① **実現の "了"「～した」** 動詞＋"了"

他 来**了**。
Tā   láile.

我 喝**了** 一 杯 红茶。
Wǒ   hēle   yì   bēi hóngchá.

她 **没**（**有**）来。 ＊"了"はつけない。
Tā   méi(you)   lái.

② **語気助詞の "了"「～なった」「～した」** 文末に

我 十九 岁 **了**。
Wǒ shíjiǔ suì le.

明天 星期六 **了**。
Míngtiān xīngqīliù   le.

我 的 病 好 **了**。
Wǒ de bìng hǎo le.

Point ② 助動詞 "要" yào 「～しようと思う」「～しなければならない」 ◀》87

我 **要** 去 外国 留学。
Wǒ yào qù wàiguó liúxué.

今天 我 **要** 去 打工。
Jīntiān wǒ yào qù dǎgōng.

我 **不想** 去 留学。
Wǒ bùxiǎng qù liúxué.

你 **不用** 去 打工。
Nǐ búyòng qù dǎgōng.

Point 3 前置詞 "给" gěi 「～に」「～のために」 🔊88

我 **给** 他 发 微信 了。
Wǒ gěi tā fā wēixìn le.

他 **给** 我 回信 了。
Tā gěi wǒ huíxìn le.

请 **给** 我们 打 电话。
Qǐng gěi wǒmen dǎ diànhuà.

Point 4 "有点儿" yǒudiǎnr と "一点儿" yìdiǎnr 「少し」 🔊89

① 形容詞 + "一点儿"

我 好 **一点儿** 了。　　还 有 便宜 **一点儿** 的 吗？
Wǒ hǎo yìdiǎnr le.　　Hái yǒu piányi yìdiǎnr de ma?

② "有点儿" + 形容詞

我 **有点儿** 不 舒服。　　她 **有点儿** 不 高兴。
Wǒ yǒudiǎnr bù shūfu.　　Tā yǒudiǎnr bù gāoxìng.

音声を聞きながらピンインなしで読んでみましょう。 🔊90

昨天 我 有点儿 不 舒服，头疼，还 发烧。我 去 医院 看病 了，医生 给 我 开了 两 种 药。我 吃了 药，今天 好 一点儿 了。昨天 和 今天 我 都 没 去 上课，明天 要 去 上课。

ゆっくり休まなくちゃ… 🔊91

渡边: 喂。小王, 你 今天 没 来 上课, 你 没事 吧?
Dùbiān: Wèi. Xiǎo-Wáng, nǐ jīntiān méi lái shàngkè, nǐ méishì ba?

王月: 我 有点儿 不 舒服。
WángYuè: Wǒ yǒudiǎnr bù shūfu.

渡边: 吃 药 了 吗?
Dùbiān: Chī yào le ma?

王月: 吃了。好 一点儿 了。明天 我 要 去 上课。
WángYuè: Chīle. Hǎo yìdiǎnr le. Míngtiān wǒ yào qù shàngkè.

渡边: 你 要 好好儿 休息。
Dùbiān: Nǐ yào hǎohāor xiūxi.

語句 対話&その他 🔊92 -

喂 wèi もしもし　　小王 xiǎo-Wáng 王くん、王さん　　没事 méishì なんでもない、大丈夫
好好儿 hǎohāor よく、十分に　　休息 xiūxi 休む　　感冒 gǎnmào 風邪を引く　　咳嗽 késou
咳をする　　口罩 kǒuzhào マスク　　酒精 jiǔjīng アルコール　　消毒 xiāodú 消毒する

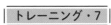

1 絵を見ながら音声を聞き、習った語句の簡体字を書きなさい。 🔊93

(1)
shǔjià

簡体字 ....

(2)
xiànzài

簡体字 ....

(3)
tiānqì

簡体字 ....

(4)
jiānglái

簡体字 ....

(5)
yīnyuè

簡体字 ....

(6)
xīngqītiān

簡体字 ....

(7)
diànshì

簡体字 ....

(8)
diànyǐng

簡体字 ....

2 音読し、日本語訳も書きなさい。

(1) Tā yǒudiǎnr bù shūfu. ....

(2) Tā hǎo yìdiǎnr le. ....

(3) Tā gěi wǒ dǎ diànhuà le. ....

(4) Tā méi lái shàngkè. ....

3 音声を聞いて空欄に中国語を書きとり、音読しなさい。 🔊94

(1) 她明天 .... 去上课。

(2) 你 .... 她打电话了吗？

4 絵を見ながら音声を聞き、読まれた順に番号をふりなさい。　🔊95

　A

　B

　C

　D

吃药　　　　　看病　　　　　感冒　　　　　休息

(　　　)　　　(　　　)　　　(　　　)　　　(　　　)

5 例にならい、**4** の語句を使って質問し、肯定形と否定形で答えなさい。

例：昨天 你 吃 药 了 吗？
　　Zuótiān nǐ chī yào le ma?

　　　　—— 昨天 我 吃 药 了。／昨天 我 没(有) 吃 药。
　　　　　 Zuótiān wǒ chī yào le.　Zuótiān wǒ méi(you) chī yào.

6 中国語に訳し、音読しなさい。

(1) わたしは病院に行きたくありません。

　➡
　...

(2) 少しよくなりましたか。

　➡
　...

(3) 彼に返信しましたか。

　➡
　...

第7課

8

第 8 課　　休暇

音読と理解・8　🔊 96

你们　假期　是　怎么　过　的？　我　去　上海　了。
Nǐmen　jiàqī　shì　zěnme　guò　de?　Wǒ　qù　Shànghǎi　le.

我　以前　没　去过　上海，这　是　第　一　次。上海
Wǒ　yǐqián　méi　qùguo　Shànghǎi,　zhè　shì　dì　yī　cì.　Shànghǎi

有　我　高中　的　同学，他　和　他　父母　一起　在
yǒu　wǒ　gāozhōng　de　tóngxué,　tā　hé　tā　fùmǔ　yìqǐ　zài

上海，他们　坐　磁悬浮列车　来　接　我　的。
Shànghǎi,　tāmen　zuò　cíxuánfúlièchē　lái　jiē　wǒ　de.

語句　音読&ポイント　🔊 97 -

假期 jiàqī 休暇、休みの間　　怎么 zěnme どう、どのように　　过 guò 過ごす、祝う　　上海
Shànghǎi 上海　　以前 yǐqián 以前　　过 -guo 〜したことがある　　第一次 dì yī cì 第一回、
初めて　　高中 gāozhōng 高校　　父母 fùmǔ 両親　　磁悬浮列车 cíxuánfú lièchē リニアモー
ターカー　　接 jiē 迎える、出迎える　　去年 qùnián 去年　　联系 liánxì 連絡、連絡する　　写
xiě 書く　　洗手间 xǐshǒujiān トイレ、化粧室　　在 zài 〜にいる、〜にある　　里 li 〜中

Point 1 "是～的" shì~de 構文　　すでに起こったことについて
「いつ、どこで、どのように」等を「説明」する。　　🔊98

我 **是** 去年 去 **的**。
Wǒ shì qùnián qù de.

这 **是** 在 日本 买 **的**。
Zhè shì zài Rìběn mǎi de.

我 **是** 跟 朋友 一起 去 **的**。　　＊ "是～的"の"是"は省略可。
Wǒ shì gēn péngyou yìqǐ qù de.

我们 **不 是** 坐 电车 来 **的**。
Wǒmen bú shì zuò diànchē lái de.

Point 2 "怎么" zěnme ＋ 動詞　　「どのように～する」「どうやって～する」　🔊99

你 今年 是 **怎么** 过 的 生日？
Nǐ jīnnián shì zěnme guò de shēngri?

你 的 名字 **怎么** 写？
Nǐ de míngzi zěnme xiě?

我们 **怎么** 跟 你 联系？
Wǒmen zěnme gēn nǐ liánxì?

Point 3 経験の "过" guo　　「～したことがある」　🔊100

我 学**过** 英语。
Wǒ xuéguo Yīngyǔ.

我 看**过** 中国 电影。
Wǒ kànguo Zhōngguó diànyǐng.

我 还 **没(有)** 去**过** 韩国。　　＊ 否定には"没(有)"を用い、"过"が残る。
Wǒ hái méi(you) qùguo Hánguó.

第8課

Point ④ 存在を表す "有" yǒu と "在" zài 🔊101

① 「〜に…がいる」「〜に…がある」　場所 + "有" + 人・モノ

哪儿 **有** 洗手间？
Nǎr　yǒu xǐshǒujiān?

这儿 **有 没有** 人？
Zhèr　yǒu meiyǒu rén?

我们 大学 里 **有** 很 多 外国 留学生。
Wǒmen dàxué　li　yǒu hěn duō wàiguó liúxuéshēng.

② 「…は〜にいる」「…は〜にある」　人・モノ + "在" + 場所

你们 大学 **在** 哪儿？
Nǐmen dàxué zài　nǎr?

我 现在 **在** 家。
Wǒ xiànzài zài　jiā.

他 **不 在** 这儿。
Tā　bú zài　zhèr.

音声を聞きながらピンインなしで読んでみましょう。　🔊102

你们 假期 是 怎么 过 的？我 去 上海 了。我 以前 没 去过 上海，这 是 第 一 次。上海 有 我 高中 的 同学，他 和 他 父母 一起 在 上海，他们 坐 磁悬浮列车 来 接 我 的。

Dialoge

はじめて上海に行った ■))103

王月： 你 假期 怎么 过 的？
WángYuè： Nǐ jiàqī zěnme guò de?

渡边： 我 去 上海 了。
Dùbiān： Wǒ qù Shànghǎi le.

王月： 你 以前 去过 上海 吗？
WángYuè： Nǐ yǐqián qùguo Shànghǎi ma?

渡边： 没有。 这 是 第 一 次。 我 的 朋友 在 上海。
Dùbiān： Méiyou. Zhè shì dì yī cì. Wǒ de péngyou zài Shànghǎi.

王月： 上海 有 朋友， 那 就 更 方便 了。
WángYuè： Shànghǎi yǒu péngyou, nà jiù gèng fāngbiàn le.

第8課

語句 対話＆その他　■))104 -

那 nà それでは、それなら　　就 jiù 〜ならば〜だ(する)　　更 gèng いっそう、さらに　　方便
fāngbiàn 便利である　　北京 Běijīng 北京　　新干线 xīngànxiàn 新幹線　　出租车 chūzūchē
タクシー　　地铁 dìtiě 地下鉄　　公交车 gōngjiāochē バス

1 絵を見ながら音声を聞き、習った語句の簡体字を書きなさい。　🔊))105

(1) shàngkè

(2) zuò diànchē

(3) chàng gē

(4) mǎi dōngxi

簡体字 …………　簡体字 …………　簡体字 …………　簡体字 …………

(5) zěnmeyàng

(6) xīngqījǐ

(7) shénme shíhou

(8) nǎr

簡体字 …………　簡体字 …………　簡体字 …………　簡体字 …………

2 音読し、日本語訳も書きなさい。

(1) Wǒ qùguo Hánguó. ………………………………

(2) Tā méi láiguo Rìběn. ………………………………

(3) Dàbǎn yǒu wǒ de tóngxué. ………………………………

(4) Tā bú zài zhèr. ………………………………

3 音声を聞いて空欄に中国語を書きとり、音読しなさい。　🔊))106

(1) 我 …………去年去…………。

(2) 他 ………………… 大学？

4 絵を見ながら音声を聞き、読まれた順に番号をふりなさい。　🔊107

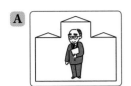
A

大学里有老师。
(　　　)

B

大学里有朋友。
(　　　)

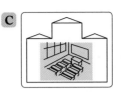
C

大学里有教室。
(　　　)

D

大学里有电脑。
(　　　)

5 この課の内容に基づいた答えを中国語で書きなさい。

(1) 渡边假期去哪儿了？　　　　Dùbiān jiàqī qù nǎr le?

➡ 他 ....

(2) 渡边以前去过吗？　　　　　Dùbiān yǐqián qùguo ma?

➡ 他 ....

(3) 上海有谁？　　　　　　　　Shànghǎi yǒu shéi?

➡ 那儿 ....

6 中国語に訳し、音読しなさい。

(1) あなたの名前はどのように書きますか。

➡ ....

(2) 駅にはたくさんの人がいます。

➡ ....

(3) わたしたちは大学にいます。

➡ ....

第
8
課

9

第9課　カラオケ

音読と理解・9　🔊))108

我　会　唱　日文　歌，不　会　唱　中文　歌。你
Wǒ　huì　chàng　Rìwén　gē,　bú　huì　chàng　Zhōngwén　gē.　Nǐ

可以　教　我　吗？你　唱　歌　唱得　很　不错　吧？
kěyǐ　jiāo　wǒ　ma?　Nǐ　chàng　gē　chàngde　hěn　búcuò　ba?

今天　下课　后，我们　去　唱　卡拉OK，你　能　去
Jīntiān　xiàkè　hòu,　wǒmen　qù　chàng　kǎlā OK,　nǐ　néng　qù

吗？我们　打算　五点　出发，你　几　点　下课？
ma?　Wǒmen　dǎsuàn　wǔdiǎn　chūfā,　nǐ　jǐ　diǎn　xiàkè?

語句　音読&ポイント　🔊))109 -

会 huì（習得して）できる　　日文 Rìwén 日本語、日文　　中文 Zhōngwén 中国語、中文　　可以 kěyǐ ～してよい、できる　　教 jiāo 教える　　得 de（動詞などの後について）様態補語を導く　　不错 búcuò なかなか良い　　能 néng ～できる　　点 diǎn ～時（時刻の単位）　　出发 chūfā 出発する　　分 fēn ～分（時刻の単位）　　一刻 yí kè 15分　　半 bàn 半　　差 chà（～分）前　　说 shuō 話す　　日语 Rìyǔ 日本語　　开车 kāichē 車を運転する　　对话 duìhuà 対話する　　用 yòng 使う　　支付宝 zhīfùbǎo アリペイ　　告诉 gàosu 知らせる、教える　　英文 Yīngwén 英語、英文　　不太～ bú tài あまり～でない　　回答 huídá 答える

Point 1 時刻の言い方 ◀))110

八 点 十 分 (8時10分)　　八 点 一 刻 (8時15分)　　八 点 半 (8時半)
bā diǎn shí fēn　　　　　bā diǎn yí kè　　　　　bā diǎn bàn

差 五 分 九 点 (9時5分前)　　差 一 刻 两 点 (2時15分前)
chà wǔ fēn jiǔ diǎn　　　　chà yí kè liǎng diǎn

现在 几 点？
Xiànzài jǐ diǎn?

Point 2 助動詞 "会" huì と "能" néng 　「～できる」 ◀))111

① 習得したから「～できる」

我 会 说 英语。
Wǒ huì shuō Yīngyǔ.

你 会 说 日语 吗？
Nǐ huì shuō Rìyǔ ma?

他 不 会 开车。
Tā bú huì kāichē.

② 能力があって「～できる」、客観的な条件も備わっているから「～できる」

明天 我 有 时间，能 参加。
Míngtiān wǒ yǒu shíjiān, néng cānjiā.

他 能 用 英语 跟 外国人 对话。
Tā néng yòng Yīngyǔ gēn wàiguórén duìhuà.

后天 有 事，不 能 来。
Hòutiān yǒu shì, bù néng lái.

3 助動詞 "可以" kěyǐ　　許可を表す　「～してよい」　◀)112

这里 **可以** 用 支付宝。
Zhèli　kěyǐ　yòng　zhīfùbǎo.

你 **可以** 告诉 我 吗?
Nǐ　kěyǐ　gàosu　wǒ　ma?

你 **可以** 来 接 我 吗?
Nǐ　kěyǐ　lái　jiē　wǒ　ma?

4 様態補語　　動詞＋"得"de＋様子・状態・程度　◀)113

她 唱**得** 很 好。
Tā chàngde hěn hǎo.

他 唱 英文 歌 唱**得** 很 好。
Tā chàng Yīngwén gē chàngde hěn hǎo.

我 说**得** **不 太** 好。
Wǒ shuōde bú tài hǎo.

他 回答**得** 对 不对?
Tā huídáde duì buduì?

音声を聞きながらピンインなしで読んでみましょう。 ◀)114

我 会 唱 日文 歌,不 会 唱 中文 歌。你 可以 教 我 吗?你 唱 歌 唱得 很 不错 吧?今天 下课 后,我们 去 唱 卡拉OK,你 能 去 吗?我们 打算 五点 出发,你 几 点 下课?

Dialoge

5時に一階で集合する　■))115

渡边: **我们 五 点 去 唱 卡拉OK。你 能 去 吗？**
Dùbiān
　　　Wǒmen wǔ diǎn qù chàng kǎlā OK.　Nǐ néng qù ma?

王月: **我 能 去。可是，我 不 会 唱 日文 歌。**
WángYuè :
　　　Wǒ néng qù.　Kěshì,　wǒ bú huì chàng Rìwén gē.

渡边: **那里 有 英文 歌，也 有 中文 歌。**
Dùbiān :
　　　Nàli yǒu Yīngwén gē,　yě yǒu Zhōngwén gē.

王月: **我 唱得 不 太 好，可是 很 喜欢 唱。**
WángYuè :
　　　Wǒ chàngde bú tài hǎo,　kěshì hěn xǐhuan chàng.

渡边: **五 点 在 一 楼 集合。**
Dùbiān :
　　　Wǔ diǎn zài yī lóu jíhé.

語句 対話＆その他　■))116 -

可是 kěshì しかし　　**一楼** yī lóu 一階　　**集合** jíhé 集合する　　**信用卡** xìnyòngkǎ クレジット
カード　　**银联卡** yínliánkǎ 銀聯カード　　**充值** chōngzhí チャージする　　**二维码** èrwéimǎ 二
次元バーコード　　**扫二维码** sǎo èrwéimǎ 二次元バーコードをスキャンする　　**电子支付** diànzǐ
zhīfù 電子決済

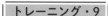

1 絵を見ながら音声を聞き、習った語句の簡体字を書きなさい。　🔊117

(1) xīngànxiàn　　(2) chūzūchē　　(3) dìtiě　　(4) gōngjiāochē

簡体字　　簡体字　　簡体字　　簡体字

(5) shēnghuó　　(6) fāngbiàn　　(7) yúkuài　　(8) gāoxìng

簡体字　　簡体字　　簡体字　　簡体字

2 音読し、日本語訳も書きなさい。

(1) Tā huì chàng Zhōngwén gē.

(2) Nǐ chàng gē chàngde hěn hǎo.

(3) Xiàkè hòu, wǒ néng qù.

(4) Nǐ kěyǐ jiāo wǒ Hànyǔ ma?

3 音声を聞いて空欄に中国語を書きとり、音読しなさい。　🔊118

(1) 我 _____ 说英语。

(2) 他唱 _____ 很不错。

4 絵を見ながら音声を聞き、読まれた順に番号をふりなさい。　🔊》119

（　　　）　　　（　　　）　　　（　　　）　　　（　　　）

5 「様態補語」を使って、次の文を中国語に訳しなさい。

（1）　彼女は話すのが上手です。

　➡ ....

（2）　彼女は英語（を話すの）が上手です。

　➡ ....

（3）　わたしは歌（を歌うの）が上手ではありません。

　➡ ....

6 次の日本語にあうように下線部を埋め、さらに会話しなさい。

A：你 .... 做　蛋糕　吗？　（あなたはケーキを作れますか。）
　　Nǐ　　　　　　　zuò dàngāo ma?

B：..................... 做。我 .... 很　好。（作れます。私は得意です。）
　　　　　　　zuò. Wǒ　　　　　　　　　　　hěn hǎo.

A：你 做 饭 .... 怎么样？　（あなたは料理を作るのはどうですか。）
　　Nǐ zuò fàn　　　　　　　　　　zěnmeyàng?

B：做得 ....。你 呢？　（あまり得意ではありません。あなたは？）
　　Zuòde　　　　　　　　　　　Nǐ ne?

A：我 .... 做　饭团。　（わたしはおにぎりを作れます。）
　　Wǒ　　　　　zuò fàntuán.

10 ｜ 第10課　ドラッグストア

音読と理解・10　◀)) 120

我们　药妆店　里　有　各种各样　的　商品，
Wǒmen　yàozhuāngdiàn　li　yǒu　gèzhǒnggèyàng　de　shāngpǐn,

而且　离　车站　也　很　近。很　多　外国人　来　这里
érqiě　lí　chēzhàn　yě　hěn　jìn.　Hěn　duō　wàiguórén　lái　zhèli

买　东西。我　给　他们　介绍介绍　每个　商品　的
mǎi　dōngxi.　Wǒ　gěi　tāmen　jièshàojieshao　měigè　shāngpǐn　de

特点，还　告诉　他们　哪个　商品　最　有　人气。
tèdiǎn,　hái　gàosu　tāmen　nǎge　shāngpǐn　zuì　yǒu　rénqì.

語句　音読&ポイント　◀)) 121 --

药妆店 yàozhuāngdiàn ドラッグストア　　各种各样 gèzhǒng-gèyàng 種々さまざま、各種各様
商品 shāngpǐn 商品　　而且 érqiě その上、しかも　　离 lí ～から、～まで　　近 jìn 近い
介绍 jièshào 紹介する　　每个 měigè 一つひとつ　　特点 tèdiǎn 特徴　　最 zuì 最も　　人气
rénqì 人気　　班 bān クラス　　新 xīn 新しい　　游客 yóukè 観光客　　下雨 xià yǔ 雨が降る
刮风 guā fēng 風が吹く　　远 yuǎn 遠い　　放假 fàngjià 休みになる　　长 cháng 長い　　给
gěi ～のために、与える、くれる、あげる　　试 shì 試す　　问 wèn 聞く、尋ねる　　等 děng 待つ

Point 1 存現文　　人や物などの存在・出現・消失を表す文　🔊))122

① 場所 + 動詞 + 主体（存在する人 / 物）

教室 里 有 人。
Jiàoshì li yǒu rén.

家里 有 很 多 书。
Jiāli yǒu hěn duō shū.

② 場所 / 時間 + 動詞 + 主体（出現・消失した人 / 物）

班里 来了 一 个 新 同学。
Bānli láile yí ge xīn tóngxué.

昨天 来了 很 多 外国 游客。
Zuótiān láile hěn duō wàiguó yóukè.

③ （場所 / 時間）動詞 + 主体（自然現象）

（外边）下 雨 了。刮 风 了。
(wàibian) Xià yǔ le. Guā fēng le.

Point 2 前置詞 "离" lí　　A "离" B～　「AはBから（Bまで）（距離が）～」　🔊))123

他 家 离 大学 很 近。
Tā jiā lí dàxué hěn jìn.

我 家 离 车站 不 太 远。
Wǒ jiā lí chēzhàn bú tài yuǎn.

你 家 离 这儿 远 不远？
Nǐ jiā lí zhèr yuǎn buyuǎn?

离 放假 还 有 很 长 时间。
Lí fàngjià hái yǒu hěn cháng shíjiān.

第
10
課

Point 3 二重目的語をとる動詞　動詞 + 間接目的語（〜に）+ 直接目的語（…を）

🔊 124

他 **告诉** 我 明天 上课。
Tā gàosu wǒ míngtiān shàngkè.

他 **给** 我 一 张 电影票。
Tā gěi wǒ yì zhāng diànyǐngpiào.

他 **教** 我 汉语，我 **教** 他 日语。
Tā jiāo wǒ Hànyǔ, wǒ jiāo tā Rìyǔ.

Point 4 動詞の重ね型 と 動詞 + "一下" yíxià　「ちょっと〜する」「〜してみる」

🔊 125

你 **试试** 吧。
Nǐ shìshi ba.

我们 **休息休息** 吧。
Wǒmen xiūxixiuxi ba.

我 去 **问** 一下，你 等等。
Wǒ qù wèn yíxià, nǐ děngdeng.

音声を聞きながらピンインなしで読んでみましょう。　🔊 126

我们 药妆店 里 有 各种各样 的 商品，而且 离 车站 也 很 近。很 多 外国人 来 这里 买 东西。我 给 他们 介绍介绍 每个 商品 的 特点，还 告诉 他们 哪个 商品 最 有 人气。

68

はじめての中国語学習辞典 相原 茂［編著］ B6変型判/776頁

1. すべての中国語にピンインローマ字つき。
2. 重要語は3ランクに分けてマークで表示。
3. 文法コラム、語法コラムの充実。
4. すべての見出し単語に品詞名を明示。
5. 類義語を重視し、「目で見る類義語」の創設。
6. 「百科知識」で文化・習慣をわかりやすく解説。
7. コミュニケーションに役立つ「表現Chips」。
8. 目で見る逆引き単語帳「逆引きウインドウズ」。
9. 中国のベテラン画家による豊富なイラスト。
10. 中国語学習に必要で便利な付録の充実。

◆ 見出し語1万1千
◆ 見やすい2色刷
◆ 辞書に［参考書］の要素をプラス
◆ ［発音マスター］WEB動画（サーバー）＆音声CD付

中国語学習シソーラス辞典 相原 茂［編］ B6判/880頁

◆ 類義グループをなす常用語を集めた初の中国語シソーラス辞典。
◆ 日本語インデックス1400余、中国語見出し語数は約11000語。
◆ すべての例文にピンイン、訳をつけ初級者からでも使える。
◆ スピーキングやライティングにおける類義語の正しい使い分けに。
◆ 仕事で中国語のメールや文書を書く機会が多い人にも最適。
◆ 語彙力の増強ができ、ボキャブラリービルディングにも有効。
◆ 巻末には検索の便を図り、全見出し語から引ける索引を用意。

●B6判
●880頁
●定価／本体3,800円＋税
ISBN978-4-255-00993-3

●A5判
●816頁
●定価／本体4,500円＋税
ISBN978-4-255-00841-7

Dialoge

もっとも人気があるもの　◀))**127**

客人：**这个 打折 吗？**
kèrén：Zhèige dǎzhé ma?

渡边：**打 七五折，满 五 千 日元 可以 免税。**
Dùbiān：Dǎ qīwǔzhé, mǎn wǔ qiān Rìyuán kěyǐ miǎnshuì.

客人：**请 给 我们 介绍 一下 最 有 人气 的。**
kèrén：Qǐng gěi wǒmen jièshào yíxià zuì yǒu rénqì de.

渡边：**这里 有 视频，我们 一起 看看 吧。**
Dùbiān：Zhèli yǒu shìpín, wǒmen yìqǐ kànkan ba.

客人：**一 个 人 可以 买 几 个？**
kèrén：Yí ge rén kěyǐ mǎi jǐ ge?

渡边：**最多 五 个。**
Dùbiān：Zuìduō wǔ ge.

語句 対話＆その他　◀))**128** -

客人 kèrén お客、来客　　**七五折** qīwǔzhé 25％オフ　　**满～** mǎn ～以上　　**免税** miǎnshuì 免税する（になる）　　**视频** shìpín 動画　　**一个人** yí ge rén 一人　　**最多** zuìduō 最も多い、多くとも　　**化妆品** huàzhuāngpǐn 化粧品　　**刷卡** shuākǎ カードで支払う

1 絵を見ながら音声を聞き、習った語句の簡体字を書きなさい。　🔊))129

(1) míngzi

簡体字

(2) shēngri

簡体字

(3) dòngmàn

簡体字

(4) wēixìn

簡体字

(5) gōngzuò

簡体字

(6) zhīdào

簡体字

(7) dǎgōng

簡体字

(8) liánxì

簡体字

2 音読し、日本語訳も書きなさい。

(1) Xià yǔ le.

(2) Wǒ jiā lí dàxué hěn jìn.

(3) Wǒ jiāo tā Rìyǔ.

(4) Qǐng děng yíxià.

3 音声を聞いて空欄に中国語を書きとり、音読しなさい。　🔊))130

(1) 我们大学 ＿＿＿＿＿ 车站很近。

(2) 请你介绍 ＿＿＿＿＿。

4 絵を見ながら音声を聞き、読まれた順に番号をふりなさい。　🔊131

A  　 B  　 C  　 D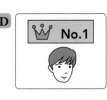

ˇ ˉ ˉ ˇ	ˋ ˇ ˋ ˋ	ˇ ˇ ˋ ˋ	ˋ ˇ ˊ ˋ
很多商品	各种各样	给你介绍	最有人气
（　　　）	（　　　）	（　　　）	（　　　）

5 中国語に訳し、音読しなさい。

(1) ここから遠いですか。

➡ ....

(2) 留学生はわたしに中国語を教えてくれます。

➡ ....

(3) わたしはその商品をちょっと見てみたいです。

➡ ....

6 次の日本語にあうように下線部を埋め、さらに会話しなさい。

A： 你　家 .... 车站　远　吗？　（あなたの家は駅から遠いですか。）
　　Nǐ　jiā　　　　　 chēzhàn yuǎn　ma?

B： ....。　　（少し遠いです。）

　　我　要 .... 自行车。　（わたしは自転車に乗らなければなりません。）
　　Wǒ　yào　　　　　 zìxíngchē.

A： 你们　大学　离　车站 ....？（あなたたちの大学は駅から遠いですか。）
　　Nǐmen　dàxué　lí　chēzhàn

B： ....。　　（あまり遠くありません。）

Item 15

11 | 第11課　中華料理

音読と理解・11　■))132

我　去过　两　次　那　家　中餐馆，我　最　喜欢
Wǒ　qùguo　liǎng　cì　nà　jiā　zhōngcānguǎn,　wǒ　zuì　xǐhuan

吃　那里　的　饺子。从　星期一　到　星期天　都
chī　nàli　de　jiǎozi.　Cóng　xīngqīyī　dào　xīngqītiān　dōu

需要　提前　预订。你　平日　有　时间　还是　周末
xūyào　tíqián　yùdìng.　Nǐ　píngrì　yǒu　shíjiān　háishi　zhōumò

有　时间？什么　时候　我们　一起　去　吧。
yǒu　shíjiān?　Shénme　shíhou　wǒmen　yìqǐ　qù　ba.

語句　音読＆ポイント　■))133 -

次 cì ～回、～度　　家 jiā（家や店などを数える）～軒　　中餐馆 zhōngcānguǎn 中華料理店
饺子 jiǎozi 餃子　　从 cóng ～から　　到 dào ～まで　　需要 xūyào 必要とする、～しなければ
ならない　　提前 tíqián 事前に、前もって　　平日 píngrì 平日　　还是 háishi それとも　　周末
zhōumò 週末　　见 jiàn 会う　　开始 kāishǐ 始まる　　学期 xuéqī 学期　　课 kè 授業　　米饭
mǐfàn ライス　　中餐 zhōngcān 中華料理　　西餐 xīcān 西洋料理

Point 1　数量補語 ①　　動作が行われる回数を表す。　動詞 + 回数　🔊134

我 去过 **两 次**。
Wǒ qùguo liǎng cì.

他 来过 一 **次** 日本。　　または　　他 来过 日本 一 **次**。
Tā láiguo yí cì Rìběn.　　　　　　　Tā láiguo Rìběn yí cì.

我 见过 他 一 **次**。
Wǒ jiànguo tā yí cì.

Point 2　前置詞 "从～" cóng と "到～" dào　🔊135

① 起点を表す "从"　　"从" A～　「Aから～」

他 **从** 越南 来。
Tā cóng Yuènán lái.

从 下午 一 点 开始。
Cóng xiàwǔ yì diǎn kāishǐ.

中国 大学 的 新 学期 **从** 9 月 开始。
Zhōngguó dàxué de xīn xuéqī cóng jiǔ yuè kāishǐ.

② 起点を表す "从" と終点を表す "到" の組み合わせ　　"从～到…" 「AからBまで」

从 这儿 **到** 车站 很 近。
Cóng zhèr dào chēzhàn hěn jìn.

从 这儿 **到** 那儿 远 不远？
Cóng zhèr dào nàr yuǎn buyuǎn?

从 星期一 **到** 星期五 都 有 课。
Cóng xīngqīyī dào xīngqīwǔ dōu yǒu kè.

第11課

Point 3　選択疑問文　　A "还是" háishi B？　「AそれともB？」　🔊136

你　吃　米饭　**还是**　吃　面包？
Nǐ　chī　mǐfàn　háishi　chī miànbāo?

你　想　吃　中餐　**还是**　想　吃　西餐？
Nǐ xiǎng chī zhōngcān háishi xiǎng chī　xīcān?

你　星期六　来　**还是**　星期天　来？
Nǐ　xīngqīliù　lái　háishi　xīngqītiān　lái?

Point 4　疑問詞の不定用法　🔊137

我　问问　**谁**　吧。　　　　　だれか
Wǒ wènwen shéi　ba.

你　有　**什么**　事　吗？　　　なにか
Nǐ　yǒu shénme shì　ma?

什么　时候　一起　去　吧。　いつか
Shénme shíhou　yìqǐ　qù　ba.

音声を聞きながらピンインなしで読んでみましょう。　🔊138

我　去过　两　次　那　家　中餐馆，我　最　喜欢　吃
那里　的　饺子。从　星期一　到　星期天　都　需要　提前
预订。你　平日　有　时间　还是　周末　有　时间？什么
时候　我们　一起　去　吧。

Dialoge

肉それとも魚　　🔊》139

渡边：　这 是 菜单。你 喜欢 吃 肉 还是 喜欢 吃 鱼？
Dùbiān:　Zhè shì càidān. Nǐ xǐhuan chī ròu háishi xǐhuan chī yú?

王月：　我 喜欢 吃 肉，可是 我 不 能 吃 辣 的。
WángYuè:　Wǒ xǐhuan chī ròu, kěshì wǒ bù néng chī là de.

渡边：　好。我 告诉 服务员 不 要 辣 的。从 五 点 到
Dùbiān:　Hǎo. Wǒ gàosu fúwùyuán bú yào là de. Cóng wǔ diǎn dào

六 点 免费 送 一 杯 饮料。
liù diǎn miǎnfèi sòng yì bēi yǐnliào.

王月：　我 要 橙汁。
WángYuè:　Wǒ yào chéngzhī.

手作り餃子

第11課

語句　対話＆その他　🔊》140 --

菜单 càidān メニュー　　肉 ròu 肉　　鱼 yú 魚　　好 hǎo（同意・承諾を表す）よろしい、はい
服务员 fúwùyuán 店員、従業員　　要 yào 要る、望む　　免费 miǎnfèi 無料である（にする）
送 sòng サービスする　　饮料 yǐnliào 飲み物　　汤 tāng スープ　　日餐 rìcān 日本料理

1 絵を見ながら音声を聞き、習った語句の意味または簡体字を書きなさい。　■))141

(1)

訳 _____

(2)

訳 _____

(3)

38

訳 _____

(4)

簡体字 _____

(5)

簡体字 _____

(6)

簡体字 _____

2 音読し、日本語訳も書きなさい。

(1) Tā qùguo liǎng cì.

_____

(2) Wǒ cóng Rìběn lái.

_____

(3) Cóng xīngqīyī dào xīngqīwǔ yǒu kè.

_____

(4) Shénme shíhou yìqǐ qù ba.

_____

3 音声を聞いて空欄に中国語を書きとり、音読しなさい。　■))142

(1) 你来 _____ 我去？

(2) 我们五点 _____ 大学出发。

(3) 我们去 _____ 玩儿玩儿吧。

4 絵を見ながら音声を聞き、読まれた順に番号をふりなさい。　🔊》143

A 　B 　C 　D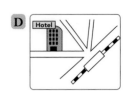

从星期一到星期五　从 9 点到 12 点　从下午开始　从车站到酒店
（　　）　　　（　　）　　（　　）　　（　　）

5 日本語の意味になるように、（　　）の語句を並べ替えなさい。

(1)　あなたは日本料理を食べたいですか、それとも西洋料理を食べたいですか。
（ 还是 / 你 / 想 / 想 / 日餐 / 西餐 / 吃 / 吃 ）

➡ ....

(2)　わたしは彼に大学で 2 回会ったことがあります。
（ 他 / 我 / 见 / 大学 / 两次 / 在 / 过 ）

➡ ....

(3)　何時から何時まで働きますか。
（ 几点 / 几点 / 工作 / 到 / 从 ）

➡ ....

6 日本語にあうように下線部を埋め、さらに会話しなさい。

A：我们 ＿＿＿＿＿＿＿＿＿［いつか］ 去吃饭吧。

B：太好了。我明天和后天都有时间。

A：你喜欢吃中餐 ＿＿＿＿＿＿＿＿＿［それとも］ 喜欢吃西餐？

B：我喜欢吃中餐。

Item 15

12 | 第 12 課　テスト勉強

我　最近　在　准备　考试。今天　在　图书馆
Wǒ　zuìjìn　zài　zhǔnbèi　kǎoshì.　Jīntiān　zài　túshūguǎn

学习了　五　个　小时，效率　还　不错，记住了　很
xuéxíle　wǔ　ge　xiǎoshí,　xiàolù　hái　búcuò,　jìzhùle　hěn

多　内容。现在　在　回　家　的　路上，马上　就要
duō　nèiróng.　Xiànzài　zài　huí　jiā　de　lùshang,　mǎshàng　jiùyào

到　家　了。你　在　做　什么?
dào　jiā　le.　Nǐ　zài　zuò　shénme?

語句　音読＆ポイント　🔊145 - - - - - - - - - - - - - - - - - -

在 zài 〜しているところ　　准备 zhǔnbèi 準備する　　考试 kǎoshì 試験　　小时 xiǎoshí 〜時間　　效率 xiàolù 効率　　还 hái (一定の評価)まあまあ、まずまず　　记 jì 覚える、記憶する　　记住 jìzhù しっかり覚える　　内容 nèiróng 内容　　路上 lùshang 途中　　马上 mǎshàng すぐ、直ちに　　就要〜了 jiùyào~le もうすぐ〜する　　到 dào 着く　　说话 shuōhuà 話をする　　睡觉 shuìjiào 寝る　　一天 yì tiān 一日　　一会儿 yíhuìr ちょっとの間、しばらく　　分钟 fēn zhōng 分、分間　　年级 niánjí 学年　　毕业 bìyè 卒業する　　完 wán 終わる　　懂 dǒng わかる　　想 xiǎng 考える　　好 hǎo ちゃんと〜する　　找 zhǎo 探す　　找到 zhǎodào みつかる

Point 1 動作の進行を表す言い方　　"正在 zhèngzài／正 zhèng／在 zài"＋ 動詞 ＋"呢"ne
「～しているところ」　　■》146

他 **正在** 打 电话（**呢**）。
Tā zhèngzài dǎ diànhuà　(ne).

她 **正／在** 和 朋友 说话（**呢**）。
Tā zhèng　zài　hé péngyou shuōhuà　(ne).

我 睡觉 **呢**。　　　＊"正在/正/在"と"呢"を組み合わせても、1つだけでもよい。
Wǒ shuìjiào ne.

我 **没**（**在**）学习。　　　　　　＊"在"は省略もできる。
Wǒ méi　(zài)　xuéxí.

Point 2 数量補語 ②　　動作が行われる時間の長さを表す。　 動詞 ＋ 時間　　■》147

他 休息了 一 **天**。
Tā　xiūxile　yì tiān.

我 等了 她 **一会儿**。
Wǒ děngle　tā　yíhuìr.

我 看了 **十 分钟**（的）电视。
Wǒ kànle　shí fēnzhōng　(de)　diànshì.

Point 3 "就要～了"jiùyào~le　　「もうすぐ～する」「もうすぐ～である」　■》148

她 **就要** 到 家 **了**。
Tā jiùyào dào jiā le.

我 **就要** 二 年级 **了**。
Wǒ jiùyào　èr　niánjí　le.

他 **就要** 毕业 **了**。
Tā jiùyào　bìyè　le.

第
12
課

Point 4 結果補語　　動作の結果を表す。　動詞 + 結果補語　🔊149

我 写**完** 了。　　　　　我 **没（有）** 写**完**。
Wǒ xiěwán le.　　　　　Wǒ méi(you) xiěwán.

我 听**懂** 了。　　　　　我 **没（有）** 听**懂**。
Wǒ tīngdǒng le.　　　　　Wǒ méi(you) tīngdǒng.

我 记**住** 了。　　　　　我 **没（有）** 记**住**。
Wǒ jìzhù le.　　　　　Wǒ méi(you) jìzhù.

我 想**好** 了。　　　　　我 还 **没（有）** 想**好**。
Wǒ xiǎnghǎo le.　　　　　Wǒ hái méi(you) xiǎnghǎo.

我 找**到** 了。　　　　　我 还 **没（有）** 找**到**。
Wǒ zhǎodào le.　　　　　Wǒ hái méi(you) zhǎodào.

音声を聞きながらピンインなしで読んでみましょう。 🔊150

　　我 最近 在 准备 考试。今天 在 图书馆 学习了 五 个 小时，效率 还 不错，记住了 很 多 内容。现在 在 回家 的 路上，马上 就要 到 家 了。你 在 做 什么？

80

Dialoge

きっと合格できる！ 🔊151

王月： 你 在 忙 什么？
WángYuè： Nǐ zài máng shénme?

渡边： 我 在 准备 考试。
Dùbiān： Wǒ zài zhǔnbèi kǎoshì.

王月： 准备好 了 吗？
WángYuè： Zhǔnbèihǎo le ma?

渡边： 差不多 了。今天 也 学习了 五 个 小时。
Dùbiān： Chàbuduō le. Jīntiān yě xuéxíle wǔ ge xiǎoshí.

我 希望 这次 能 通过。
Wǒ xīwàng zhèicì néng tōngguò.

王月： 肯定 没问题。
WángYuè： Kěndìng méiwèntí.

語句 対話＆その他　🔊152 --

忙 máng 忙しく～する、急いでする　**差不多** chàbuduō まずまずである　**希望** xīwàng 希望
する、望む　**通过** tōngguò 通る　**肯定** kěndìng 必ず、間違いなく　**没问题** méiwèntí 問
題ない、大丈夫だ　**努力** nǔlì 努力、努力する

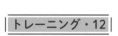

1 絵を見ながら音声を聞き、習った語句の意味または簡体字を書きなさい。 🔊153

(1) 訳 ....

(2) 訳 ....

(3) 訳 ....

(4) 簡体字 ....

(5) 簡体字 ....

(6) 簡体字 ....

2 音読し、日本語訳も書きなさい。

(1) Wǒ zài jiā xiūxile yì tiān. ....

(2) Wǒ xiànzài zài xuéxí Hànyǔ. ....

(3) Wǒ hái méi xiǎnghǎo. ....

(4) Tā mǎshàng jiùyào dào le. ....

3 音声を聞いて空欄に中国語を書きとり、音読しなさい。 🔊154

(1) 你 .... 做什么？

(2) 他 .... 毕业 .... 。

(3) 我听 .... 了。

4 絵を見ながら音声を聞き、読まれた順に番号をふりなさい。　🔊155

A 　B 　C 　D

正在看书　　　　正在准备　　　　正在吃饭　　　　正在睡觉
（　　　）　　　（　　　）　　　（　　　）　　　（　　　）

5 日本語の意味になるように、（　　）の語句を並べ替えなさい。

(1) わたしは6年間英語を学んだことがあります。

　　　（ 英语 ／ 我 ／ 学习 ／ 过 ／ 六年 ）

➡ ....

(2) 彼は友達と一緒に食事をしています。

　　　（ 他 ／ 朋友 ／ 吃饭 ／ 跟 ／ 正在 ／ 一起 ／ 呢 ）

➡ ....

(3) わたしはもうすぐ大学に着きます。

　　　（ 到 ／ 马上 ／ 我 ／ 了 ／ 就要 ／ 大学 ）

➡ ....

6 この課の内容に基づいた答えを中国語で書きなさい。

(1) 渡边在忙什么？　　　　Dùbiān zài máng shénme?

➡ 他 ....

(2) 渡边准备好了吗？　　　Dùbiān zhǔnbèihǎo le ma?

➡ ....

13 | 第13課 ウィーチャット

Item 15

音読と理解・13 🔊156

小王 让 我 帮 她 改 日语。 她 把 她 用
Xiǎo-Wáng ràng wǒ bāng tā gǎi Rìyǔ. Tā bǎ tā yòng

日语 写 的 文章 用 微信 发来 了。 听说， 在
Rìyǔ xiě de wénzhāng yòng wēixìn fālai le. Tīngshuō, zài

中国 大家 都 用 微信 联系， 买 东西 也 几乎
Zhōngguó dàjiā dōu yòng wēixìn liánxì, mǎi dōngxi yě jīhū

都 是 电子支付。
dōu shì diànzǐzhīfù.

私は外国語を学ぶのが好きです。これと同じの趣味は音楽です

語句 音読&ポイント 🔊157--

让 ràng させる、〜するように言う　　帮 bāng 手伝う、助ける　　改 gǎi 直す、訂正する　　把 bǎ 〜を（〜する）　　文章 wénzhāng 文章　　听说 tīngshuō 聞くところによると〜そうだ　　大家 dàjiā みんな、みな　　几乎 jīhū ほとんど　　背 bèi 暗唱する　　课文 kèwén 本文　　扔 rēng 捨てる　　垃圾 lājī ごみ　　叫 jiào させる、〜するように言う　　抽烟 chōuyān タバコを吸う　　带 dài 持つ、携帯する　　伞 sǎn 傘　　进 jìn 入る　　门窗 ménchuāng 戸と窓　　关 guān 閉める、閉じる　　丢 diū なくす　　钱包 qiánbāo 財布　　礼物 lǐwù プレゼント　　漂亮 piàoliang きれい　　善良 shànliáng 優しい、善良である

84

Point 1 使役の表し方　"让" ràng と "叫" jiào　🔊))158

主語 + "让 / 叫" + 人 + 動詞

「人に〜させる」「人に〜するように言う」

老师 **让** 我们 背 课文。
Lǎoshī ràng wǒmen bèi kèwén.

她 **让** 弟弟 去 扔 垃圾。
Tā ràng dìdi qù rēng lājī.

他 ***叫** 我 也 参加。　　　　　　　　※ "叫"は口語でよく使われる。
Tā jiào wǒ yě cānjiā.

我 ***不 让** 爸爸 抽烟。　　　　　　　※ 否定詞は "让" "叫" の前におく。
Wǒ bú ràng bàba chōuyān.

Point 2 方向補語　動作の移動や方向を表す。　🔊))159

動詞 + 方向補語（"来" lái または "去" qù）「〜してくる / いく」

我 带**来** 了。
Wǒ dàilai le.

我 带**来** 伞 了。　　　または　　我 带 伞 **来** 了。
Wǒ dàilai sǎn le.　　　　　　　　　Wǒ dài sǎn lái le.

他 买**来** 点心 了。　　或いは　　他 买 点心 **来** 了。
Tā mǎilai diǎnxin le.　　　　　　　Tā mǎi diǎnxin lái le.

老师 进 *教室 **去** 了。
Lǎoshī jìn jiàoshì qù le.

　　　　　　　　　　　　　　　※ 場所を表す目的語は "来" / "去" の前におく。

第
13
課

Point 3 "把" bǎ 構文　　前置詞 "把" によって目的語を動詞の前に出す。　　🔊 160

動詞の後に "了" や補語などがつく。

主語 + "把" + 目的語 + 動詞 + "了" や補語など　「～を～する（した）」

请 **把** 门窗 关好！
Qǐng bǎ ménchuāng guānhǎo!

我 **把** 手机 丢 了。
Wǒ bǎ shǒujī diū le.

我 ※**没 把** 钱包 带来。　　※ 否定詞は "把" の前におく。
Wǒ méi bǎ qiánbāo dàilai.

Point 4 動詞 / 形容詞（修飾語）+ "的" de + 名詞（被修飾語）　🔊 161

学习 汉语 **的** 学生 很 多。
Xuéxí Hànyǔ de xuésheng hěn duō.

这 是 妈妈 给 我 **的** 生日 礼物。
Zhè shì māma gěi wǒ de shēngri lǐwù.

很 漂亮 **的** 大学　　　　很 善良 **的** 人
hěn piàoliang de dàxué　　hěn shànliáng de rén

音声を聞きながらピンインなしで読んでみましょう。　🔊 162

小王 让 我 帮 她 改 日语。她 把 她 用 日语 写 的 文章 用 微信 发来 了。听说，在 中国 大家 都 用 微信 联系，买 东西 也 几乎 都 是 电子支付。

助け合おう！　🔊163

渡边：　我 已经 把 那 篇 文章 改好 了。
Dùbiān：　Wǒ yǐjīng bǎ nèi piān wénzhāng gǎihǎo le.

我 用 微信 发去 了，收到 了 吗？
Wǒ yòng wēixìn fāqu le, shōudào le ma?

王月：　收到 了，太 感谢 了！
WángYuè：　Shōudào le, tài gǎnxiè le!

渡边：　别 客气。你 写 的 日语 很 好。
Dùbiān：　Bié kèqi. Nǐ xiě de Rìyǔ hěn hǎo.

以后 我们 互相 帮助！
Yǐhòu wǒmen hùxiāng bāngzhù!

語句　対話＆その他　🔊164 -

已经 yǐjīng もう、すでに　　篇 piān（文章などを数える）～篇　　收到 shōudào 受け取る　　感谢 gǎnxiè 感謝する　　别 bié ～しないでください　　客气 kèqi 遠慮する　　以后 yǐhòu 今後　　互相 hùxiāng お互いに　　帮助 bāngzhù 助ける

第13課

1 絵を見ながら音声を聞き、習った語句の意味または簡体字を書きなさい。 🔊》165

(1)

訳 ....

(2)

訳 ....

(3)

訳 ....

(4)

簡体字 ....

(5)

簡体字 ....

(6)

簡体字 ....

2 音読し、日本語訳も書きなさい。

(1) Tā ràng wǒ nǔlì xuéxí. ....

(2) Tā ràng wǒ gēn tā liánxì. ....

(3) Lái mǎi dōngxi de rén hěn duō. ....

(4) Zhè shì wǒ zuò de fàntuán. ....

3 音声を聞いて空欄に中国語を書きとり、音読しなさい。 🔊》166

(1) 妈妈 .... 饭做好了。

(2) 他 .... 我去接他。

(3) 她是一个特别好 .... 人。

4 絵を見ながら音声を聞き、読まれた順に番号をふりなさい。　🔊))167

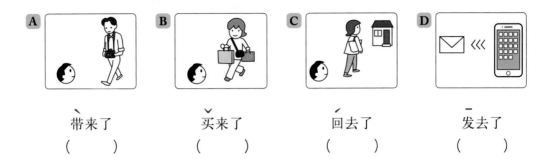

A	B	C	D
带来了	买来了	回去了	发去了
(　　　)	(　　　)	(　　　)	(　　　)

5 日本語の意味になるように、(　　　) の語句を並べ替えなさい。

(1) わたしはテキストを持ってきました。

　　　　(课本 / 我 / 来 / 把 / 带 / 了)

　➡ ....

(2) 彼はお菓子を買ってきました。

　　　　(他 / 买 / 点心 / 把 / 了 / 来)

　➡ ....

(3) 日本へ旅行に来る外国人はとても多いです。

　　　　(外国人 / 旅游 / 日本 / 很 / 的 / 多 / 来)

　➡ ....

6 この課の内容に基づいた答えを中国語で書きなさい。

(1) 小王让渡边帮她做什么？　　Xiǎo-Wáng ràng Dùbiān bāng tā zuò shénme?

　➡ 小王 ....

(2) 小王用什么发去的？　　Xiǎo-Wáng yòng shénme fāqu de?

　➡ 小王 ....

Item15

14

第14課　進歩

音読と理解・14　◀))168

我　现在　正　看着　中国　朋友　给　我　推荐　的
Wǒ　xiànzài　zhèng　kànzhe　Zhōngguó　péngyou　gěi　wǒ　tuījiàn　de

电视剧。有的　地方　看得懂，有的　地方　看不懂。
diànshìjù.　Yǒude　dìfang　kàndedǒng,　yǒude　dìfang　kànbudǒng.

但是，我　的　汉语　比　一　年　前　进步了　很　多。
Dànshì,　wǒ　de　Hànyǔ　bǐ　yì　nián　qián　jìnbùle　hěn　duō.

我　想　明年　一定　比　现在　更　好。
Wǒ　xiǎng　míngnián　yídìng　bǐ　xiànzài　gèng　hǎo.

語句　音読&ポイント　◀))169--------------------

着 zhe 〜している、〜してある　　推荐 tuījiàn 推薦する、薦める　　电视剧 diànshìjù テレビドラマ　　有的 yǒude ある(ところ)、ある(人／もの)　　地方 dìfang ところ　　看得懂 kàndedǒng 見て(読んで)わかる　　看不懂 kànbudǒng 見て(読んで)わからない　　但是 dànshì しかし、けれども　　比 bǐ 〜に比べて、〜より　　前 qián 前　　进步 jìnbù 進歩する　　一定 yídìng きっと、必ず　　安排 ānpái 予定、手配する　　起 qǐ 起きる、立ち上がる　　早上 zǎoshang 朝　　小 xiǎo 小さい、年下　　应该 yīnggāi 〜すべきである　　再 zài もう一度、再び

90

Point 1 持続の "着" zhe

動詞の後につけて、動作や状態の持続を表す。　■))170

「～している」「～してある」

我们 在 教室 等**着** 她 吧。
Wǒmen zài jiàoshì děngzhe tā ba.

我 ***正** 上**着** 课 呢。　　　　　　　 ※ 進行形と相性がよい。
Wǒ zhèng shàngzhe kè ne.

这儿 ***没**（**有**） 写**着** 明天 的 安排。 ※ 否定は "没（有）" を用い、"着" も残る。
Zhèr méi(you) xiězhe míngtiān de ānpái.

Point 2 可能補語

結果補語や方向補語の前に "得" de を入れて可能を表す。　■))171

結果補語や方向補語の前に "不" bù を入れて不可能を表す。

動詞 ＋ "得" / "不" ＋ 結果補語 / 方向補語

結果補語　→　可能補語

看懂	看**得**懂	／	看**不**懂
kàndǒng	kàndedǒng		kànbudǒng
记住	记**得**住	／	记**不**住
jìzhù	jìdezhù		jìbuzhù
找到	找**得**到	／	找**不**到
zhǎodào	zhǎodedào		zhǎobudào

方向補語　→　可能補語

起来	起**得**来	／	起**不**来
qǐlai	qǐdelái		qǐbulái
回来	回**得**来	／	回**不**来
huílai	huídelái		huíbulái

他 说 的 汉语，我 听**得懂**。
Tā shuō de Hànyǔ, wǒ tīngdedǒng.

我 早上 六 点 起**不来**。
Wǒ zǎoshang liù diǎn qǐbulái.

第 14 課

Point 3 比較表現 ◀))172

① A + "比" bǐ + B + 形容詞（＋差量）　「AはBより〜だ」

她 **比** 我 小。
Tā　bǐ　wǒ xiǎo.

她 **比** 我 小 两 岁。
Tā　bǐ　wǒ　xiǎo liǎng suì.

② A + "没有" méiyou + B + 形容詞　「AはBほど〜でない」

今天 **没有** 昨天 忙。
Jīntiān méiyou zuótiān máng.

这个 **没有** 那个 便宜。
Zhèige méiyou nèige　piányi.

Point 4 助動詞 "应该" yīnggāi　　"应该" + 動詞 「〜すべきである」　◀))173

我们 **应该** 再 想想。
Wǒmen yīnggāi zài xiǎngxiang.

你 **应该** 好好儿 休息休息。
Nǐ yīnggāi hǎohāor　xiūxixiuxi.

音声を聞きながらピンインなしで読んでみましょう。　◀))174

我 现在 正 看着 中国 朋友 给 我 推荐 的 电视剧。有的 地方 看得懂，有的 地方 看不懂。但是，我 的 汉语 比 一年 前 进步了 很 多。我 想 明年 一定 比 现在 更 好。

Dialoge

あなたのおかげ！　◀))175

渡边：你 推荐 的 那 部 电视剧，我 正 看着 呢。
Dùbiān　Nǐ tuījiàn de nèi bù diànshìjù, wǒ zhèng kànzhe ne.

有的 地方 看不懂，但是 有的 地方 看得懂。
Yǒude dìfang kànbudǒng, dànshì yǒude dìfang kàndedǒng.

王月：你 的 汉语 比 以前 进步了 很 多。
WángYuè：Nǐ de Hànyǔ bǐ yǐqián jìnbùle hěn duō.

渡边：多亏了 你 的 帮助！
Dùbiān：Duōkuīle nǐ de bāngzhù!

王月：我 也 应该 感谢 你！
WángYuè：Wǒ yě yīnggāi gǎnxiè nǐ!

語句　対話＆その他　◀))176 --

部 bù（書物や映画の一そろいとなったものを数える）〜本、〜冊　　多亏 duōkuī 〜のおかげで(ある)
作业 zuòyè 宿題　　简单 jiǎndān 簡単な、易しい

第14課

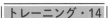

トレーニング・14

1 絵を見ながら音声を聞き、習った語句の意味または簡体字を書きなさい。 🔊))177

(1)

訳 ....

(2)

訳 ....

(3)

訳 ....

(4)

簡体字 ....

(5)

Thank you!

簡体字 ....

(6)

簡体字 ....

2 音読し、日本語訳も書きなさい。

(1) Wǒ zhèng xiězhe zuòyè ne.
....

(2) Wǒ kàndedǒng jiǎndān de Hànyǔ.
....

(3) Nǐ liù diǎn qǐdelái ma?
....

(4) Wǒ yīnggāi gǎnxiè nǐ!
....

3 音声を聞いて空欄に中国語を書きとり、音読しなさい。 🔊))178

(1) 那儿写 .... 你的名字。

(2) 将来一定 .... 现在更好。

94

4 絵を見ながら音声を聞き、読まれた順に番号をふりなさい。　🔊)179

看得懂　　　　　记得住　　　　　找不到　　　　　起不来
(　　　)　　　　(　　　)　　　　(　　　)　　　　(　　　)

5　日本語の意味になるように、(　　)の語句を並べ替えなさい。

(1)　あそこより駅に近いです。

(那儿 / 近 / 比 / 离 / 车站)

➡ ....

(2)　中国人の友達が書いた手紙を、わたしは読んで理解することができます。

(我 / 写 / 信 / 看 / 的 / 得 / 懂)

➡ 中国朋友 ....

(3)　今日は昨日ほど忙しくありません。

(今天 / 昨天 / 忙 / 没有)

➡ ....

6　この課の内容に基づいた答えを中国語で書きなさい。

(1)　渡边看得懂那部电视剧吗？　　　Dùbiān kàndedǒng nèi bù diànshìjù ma?

➡ 他 ....

(2)　渡边的汉语比一年前进步了吗？　Dùbiān de Hànyǔ bǐ yì nián qián jìnbù le ma?

➡ 他的 ....

第14課

Item15

15

第15課 約束

音読と理解・15 🔊180

我　的　汉语　越来越　好　了，上课　的　时候
Wǒ　de　Hànyǔ　yuèláiyuè　hǎo　le,　shàngkè　de　shíhou

经常　被　老师　表扬。明年　我　还　打算　选修
jīngcháng　bèi　lǎoshī　biǎoyáng.　Míngnián　wǒ　hái　dǎsuàn　xuǎnxiū

汉语　课。因为　我　想　用　汉语　给　中国　朋友
Hànyǔ　kè.　Yīnwèi　wǒ　xiǎng　yòng　Hànyǔ　gěi　Zhōngguó　péngyou

介绍　日本　的　文化。朋友们，明年　见！
jièshào　Rìběn　de　wénhuà.　Péngyoumen,　míngnián　jiàn!

介绍日本的文化

語句 音読&ポイント 🔊181 --------------------------------------

越来越 yuèláiyuè ますます〜になる　　**时候** shíhou 時　　**经常** jīngcháng いつも、しょっちゅう　
被 bèi 〜に〜される　　**表扬** biǎoyáng ほめる　　**选修** xuǎnxiū 選択して履修する　　**因为**
yīnwèi 〜なので、〜だから　　**文化** wénhuà 文化　　**冷** lěng 寒い　　**开朗** kāilǎng 明るい、朗
らかである　　**淋湿** línshī びっしょりぬれる　　**小说** xiǎoshuō 小説　　**翻译** fānyì 訳す、翻訳
する、通訳　　**成** chéng （動詞の後ろに置き、その動作が完成することを表す）〜になる　　**登记**
dēngjì 登録する　　**信** xìn 手紙　　**为什么** wèishénme なぜ、どうして　　**开玩笑** kāi wánxiào
冗談を言う　　**生气** shēngqì 腹が立つ、怒る　　**浪费** làngfèi （〜を）無駄にする、浪費する

96

Point
1 **"越来越～"** yuèláiyuè 「ますます～になる」「だんだん～になる」 ◀))182

天气 **越来越** 冷。
Tiānqì yuèláiyuè lěng.

她 **越来越** 开朗 了。
Tā yuèláiyuè kāilǎng le.

我 **越来越** 喜欢 日本 了。
Wǒ yuèláiyuè xǐhuan Rìběn le.

Point
2 受身を表す **"被"** bèi A＋**"被"**（＋B）＋動詞など 「AはBに～される」

◀))183

她 经常 **被** 老师 表扬。
Tā jīngcháng bèi lǎoshī biǎoyáng.

我 **被** 雨 淋湿 了。
Wǒ bèi yǔ línshī le.

这 本 小说 **被** 翻译成 日语 了。
Zhè běn xiǎoshuō bèi fānyìchéng Rìyǔ le.

我 的 名字 **没(有) 被** 登记。
Wǒ de míngzi méi(you) bèi dēngjì.

Point
3 **"因为～"** yīnwèi 「なぜなら」「～なので」「～だから」「～のために」 ◀))184

因为 最近 很 忙，没有 给 你 写 信。
Yīnwèi zuìjìn hěn máng, méiyou gěi nǐ xiě xìn.

昨天 没 去，**因为** 我 有 事。
Zuótiān méi qù, yīnwèi wǒ yǒu shì.

你 为什么 没 来？— **因为** 我 感冒 了。
Nǐ wèishénme méi lái? Yīnwèi wǒ gǎnmào le.

第15課

Point ④ 禁止の表現　　「〜するな」「〜してはいけない」　🔊185

① "别" bié ＋ 動詞

你 **别** 开 玩笑。
Nǐ bié kāi wánxiào.

你 **别** 生气 **了**。
Nǐ bié shēngqì le.

＊"别〜了"はいま行われている動作の中止を求める表現。

② "不要" búyào ＋ 動詞

请 **不要** 在 这里 扔 垃圾。
Qǐng búyào zài zhèli rēng lājī.

不要 浪费 时间。
Búyào làngfèi shíjiān.

音声を聞きながらピンインなしで読んでみましょう。 🔊186

我 的 汉语 越来越 好 了，上 课 的 时候 经
常 被 老师 表扬。明年 我 还 打算 选修 汉语 课。
因为 我 想 用 汉语 给 中国 朋友 介绍 日本 的
文化。朋友们，明年 见！

98

Dialoge

とても楽しかった　◀))187

渡边： **这 一 年 很 开心。**
Dùbiān:　Zhèi yì nián hěn kāixīn.

你 总是 帮助 我，真的 很 感谢 你。
Nǐ zǒngshì bāngzhù wǒ, zhēnde hěn gǎnxiè nǐ.

王月：　**别 客气。因为 我们 是 好 朋友。**
WángYuè:　Bié kèqi.　Yīnwèi wǒmen shì hǎo péngyou.

渡边：　**寒假 我们 约 阿部 一起 去 滑雪 吧。**
Dùbiān:　Hánjià wǒmen yuē Ābù yìqǐ qù huáxuě ba.

王月：　**好。我 想 她 一定 很 高兴。**
WángYuè:　Hǎo.　Wǒ xiǎng tā yídìng hěn gāoxìng.

渡边：　**咱们 一言为定！**
Dùbiān:　Zánmen yìyánwéidìng!

語句 対話＆その他　◀))188 -

开心 kāixīn 楽しい　　总是 zǒngshì いつも　　真的 zhēnde 本当に　　寒假 hánjià 冬休み
约 yuē 誘う　　滑雪 huáxuě スキー(をする)　　一言为定 yìyán-wéidìng 約束だ、これで決まりだ

第
15
課

1 絵を見ながら音声を聞き、習った語句の意味または簡体字を書きなさい。　◀))189

(1)

訳 ....

(2)

訳 ....

(3)

訳 ....

(4)

簡体字 ....

(5)

簡体字 ....

(6)

簡体字 ....

2　音読し、日本語訳も書きなさい。

(1)　Nǐ de Hànyǔ yuèláiyuè hǎo le.　..

(2)　Wǒ yuèláiyuè xǐhuan xuéxí le.　..

(3)　Tā bèi lǎoshī biǎoyáng le.　..

(4)　Nǐmen bié shēngqì le.　..

3　音声を聞いて空欄に中国語を書きとり、音読しなさい。　◀))190

(1)　你 .... 开朗了。

(2)　.. 浪费钱。

4 絵を見ながら音声を聞き、読まれた順に番号をふりなさい。　◀))191

A
很开心
(　　　　)

B
很高兴
(　　　　)

C
很喜欢
(　　　　)

D
很感谢
(　　　　)

5 日本語の意味になるように、(　　) の語句を並べ替えなさい。

(1) 彼女はますます日本が好きになりました。
　　　　(她 / 了 / 喜欢 / 越来越 / 日本)

　➡ ....

(2) わたしは先生に褒められました。
　　　　(我 / 被 / 老师 / 表扬 / 了)

　➡ ....

(3) わたしは中国人に日本文化を紹介したいです。
　　　　(中国人 / 日本 / 给 / 文化 / 想 / 我 / 介绍)

　➡ ....

6 次のスピーチ文を完成させ、中国語でスピーチの練習をしなさい。

我叫 ....。我是日本人。我今年 .... 岁了。
我喜欢 ....。我很想和 .... 一起去 ....
旅游，因为我还没去过。你有时间吗？ 你也跟我们一起去吧。

第
15
課

語彙索引　数字は初出の課。「発」は発音。

102

guānzhào	关照	世話をする	1
guì	贵	(値段が)高い	6
guìxìng	贵姓	姓、名字(敬語)	1
guo	过	～したことがある	8
guò	过	過ごす、祝う	8
guǒzhī	果汁	ジュース	4

H

hái	还	さらに、その上、まだ	4
hái	还	(一定の評価)まあまあ、まずまず	12
háishi	还是	それとも	11
hànbǎobāo	汉堡包	ハンバーガー	4
Hánguó	韩国	韓国	1
hánjià	寒假	冬休み	15
Hànyǔ	汉语	中国語	2
hào	号	日	4
hǎo	好	よい	発・2
hǎo	好	(同意・承諾を表す)よろしい、はい	11
hǎo	好	ちゃんと～する、～し終わる	12
hǎochī	好吃	(食べて)おいしい	2
hǎohāor	好好儿	よく、十分に	7
hǎohē	好喝	(飲んで)おいしい	2
hǎotīng	好听	(聞いて)すばらしい、美しい	2
hé	和	～と	3
hē	喝	飲む	3
hěn	很	とても	発・2
hóngchá	红茶	紅茶	7
hòu	后	後、のち	3
hòutiān	后天	明後日	3
huānyíng guānglín	欢迎光临	ようこそいらっしゃいました	発
huār	花儿	花	発
huáxuě	滑雪	スキー(をする)	15
huàzhuāngpǐn	化妆品	化粧品	10
huí	回	帰る、戻る	3
huì	会	(習得して)できる	9
huíxìn	回信	返信する	7
huíbulái	回不来	帰って来られない	14
huídá	回答	答える	9
huídelái	回得来	帰って来られる	14

| hùxiāng | 互相 | お互いに | 13 |

J

jì	记	覚える、記憶する	12
jǐ	几	いくつ	3
jiā	家	家	3
jiā	家	(家や店、企業などを数える)～軒	11
jiàn	见	会う	11
jiàn	件	～着、～件	6
Jiānádà	加拿大	カナダ	1
jiǎndān	简单	簡単な、易しい	14
jiānglái	将来	将来	5
jiànmiàn	见面	会う、面会する	5
jiào	叫	(名前などが)～という	1
jiào	叫	～させる、～するように言う	13
jiāo	教	教える	9
jiàoshì	教室	教室	5
jiǎozi	饺子	餃子	11
jiàqī	假期	休暇、休みの間	8
jìbuzhù	记不住	覚えられない	14
jìdezhù	记得住	覚えられる	14
jiē	接	迎える、出迎える	8
jiějie	姐姐	姉、お姉さん	4
jièshào	介绍	紹介する	10
jíhé	集合	集合する	9
jīhū	几乎	ほとんど	13
jìn	近	近い	10
jìn	进	入る	13
jìnbù	进步	進歩、進歩する	14
Jīngdū	京都	京都	6
jīngcháng	经常	いつも、しょっちゅう	15
jīnnián	今年	今年	4
jīntiān	今天	今日	3
jīpiào	机票	航空券	6
jiù	就	～ならば～だ(する)	8
jiǔdiàn	酒店	ホテル	6
jiǔjīng	酒精	アルコール	7
jiùyào~le	就要～了	もうすぐ～する、もうすぐ～である	12
jìzhù	记住	しっかり覚える	12

K

| kāfēi | 咖啡 | コーヒー | 3 |

kāi wánxiào			
	开玩笑	冗談を言う	15
kāi(yào)	开(药)	(薬を)処方する	7
kāichē	开车	車を運転する	9
kāilǎng	开朗	明るい、朗らかである	15
kāishǐ	开始	始まる	11
kāixīn	开心	楽しい	15
kǎlā OK	卡拉 OK	カラオケ	4
kàn	看	見る、読む	3
kànbìng	看病	診察を受ける	7
kànbudǒng	看不懂	見て(読んで)理解	
		できない	14
kàndedǒng	看得懂	見て(読んで)理解できる	14
kǎoshì	考试	試験、試験をする	12
kè	课	授業	11
kě'ài	可爱	可愛い	発・2
kèběn	课本	教科書	5
kělè	可乐	コーラ	4
Kěndéjī	肯德基	ケンタッキー	3
kěndìng	肯定	必ず、間違いなく	12
kèqi	客气	遠慮する	13
kèrén	客人	お客、来客	10
kěshì	可是	しかし	9
késou	咳嗽	咳をする	7
kèwén	课文	本文	13
kěyǐ	可以	～してよい、できる	9
kòngr	空儿	暇(な時間)	発
kǒuzhào	口罩	マスク	7

		L	
là	辣	辛い	4
lái	来	来る	3
lājī	垃圾	ごみ	13
lāmiàn	拉面	ラーメン	6
làngfèi	浪费	(～を)無駄にする、	
		浪費する	15
lǎolao	姥姥	(母方の)祖母	5
lǎoshī	老师	先生	1
lǎoye	姥爷	(母方の)祖父	5
le	了	～した、～になった	7
lěng	冷	寒い	15
li	里	～中	8
lí	离	～から、～まで	10
liǎng	两	二つ、2	6
liánxì	联系	連絡、連絡する	8

línshī	淋湿	びっしょりぬれる	15
liúxué	留学	留学する	3
liúxuéshēng			
	留学生	留学生	1
lǐwù	礼物	プレゼント	13
lùshang	路上	途中	12
lǚyóu	旅游	旅行する	6

		M	
ma	吗	～か	発・1
má	麻	麻	発
mà	骂	ののしる	発
mǎ	马	馬	発
mā	妈	母	発
máfan nǐ le	麻烦你了	お手数をかけました	発
mǎi	买	買う	5
mǎi dōngxi	买东西	買い物する	5
Màidāngláo			
	麦当劳	マクドナルド	3
māma	妈妈	母、おかあさん	発・5
mǎn	满～	～以上	10
máng	忙	忙しい	発・2
máng	忙	忙しく～する、	
		急いでする	12
māo	猫	猫	4
mǎshàng	马上	すぐ、直ちに	12
měi	美	美しい	6
měigè	每个	一つひとつ	10
méishì	没事	なんでもない、大丈夫	7
méi(you)	没(有)	～しなかった、	
		～していない	7
méi guānxi	没关系	なんでもありません	発
Měiguó	美国	アメリカ	1
mèimei	妹妹	妹	5
měitiān	每天	毎日	2
méiwèntí	没问题	問題ない、大丈夫だ	12
méiyǒu	没有	ない、持っていない	5
ménchuāng			
	门窗	戸と窓	13
miànbāo	面包	パン	4
miǎnfèi	免费	無料である(にする)	11
miǎnshuì	免税	免税する(になる)	10
mǐfàn	米饭	ライス	11
míngnián	明年	来年	3
míngtiān	明天	明日	3

míngzi	名字	名前	1

xǐhuan	喜欢	好きである、好む	4
xìn	信	手紙	15
xīn	新	新しい	10
xìng	姓	〜という姓である	1
xīngànxiàn	新干线	新幹線	8
Xīngbākè	星巴克	スターバックス	3
xīngqī'èr	星期二	火曜日	3
xīngqījǐ	星期几	何曜日	3
xīngqīliù	星期六	土曜日	3
xīngqīrì	星期日	日曜日	3
xīngqīsān	星期三	水曜日	3
xīngqīsì	星期四	木曜日	3
xīngqītiān	星期天	日曜日	3
xīngqīwǔ	星期五	金曜日	3
xīngqīyī	星期一	月曜日	3
xīnshēng	新生	新入生	1
xìnyòngkǎ	信用卡	クレジットカード	9
xiōngdì jiěmèi			
	兄弟姐妹	兄弟姉妹	5
xǐshǒujiān	洗手间	トイレ、化粧室	8
xiūxi	休息	休む	7
xīwàng	希望	希望する、望む	12
xuǎnxiū	选修	選択して履修する	15
xuéfēn	学分	履修単位	1
xuéqī	学期	学期	11
xuésheng	学生	学生	1
xuéshēngzhèng			
	学生证	学生証	1
xuéxí	学习	学ぶ、勉強する	3
xūyào	需要	必要とする、	
		〜しなければならない	11

Y

yào	药	薬	7
yào	要	〜するつもりだ、	
		〜したい	7
yào	要	要る、望む	11
yàozhuāngdiàn			
	药妆店	ドラッグストア	10
yě	也	〜も	2
yéye	爷爷	（父方の）祖父	5
yī lóu	一楼	一階	9
yìyán-wéidìng			
	一言为定	約束だ、これで決まりだ	15
yìdàlìmiàn	意大利面	スパゲッティ	4

yìdiǎnr	一点儿	少し	7
yídìng	一定	きっと、必ず	発・14
yīfu	衣服	服	6
yí ge rén	一个人	一人	10
yígòng	一共	全部	発
yǐhòu	以后	今後	13
yíhuìr	一会儿	ちょっとの間、しばらく	12
yǐjīng	已经	もう、すでに	13
yíkè	一刻	15分	9
yīnggāi	应该	〜するべきである	14
Yīngguó	英国	イギリス	1
Yīngwén	英文	英語、英文	9
Yīngyǔ	英语	英語	3
yínliánkǎ	银联卡	銀聯カード	9
yǐnliào	饮料	飲み物	11
yīnwèi	因为	〜なので、〜だから	15
yīnyuè	音乐	音楽	2
yīnyuèhuì	音乐会	コンサート	4
yìqǐ	一起	いっしょに	発・3
yǐqián	以前	以前	8
yīshēng	医生	医者	7
yì tiān	一天	一日	12
yīyuàn	医院	病院	7
yìzhí	一直	まっすぐに	発
yòng	用	使う	9
yǒu	有	ある、いる、持つ	5
yǒude	有的	ある（ところ）、	
		ある（人／もの）	14
yǒudiǎnr	有点儿	少し	7
yóukè	游客	観光客	10
yú	鱼	魚	11
yuǎn	远	遠い	10
yùdìng	预订	予約する	6
yuè	月	月	4
yuē	约	誘う	15
yuèláiyuè	越来越	ますます〜になる	15
Yuènán	越南	ベトナム	1
yuèpiào	月票	定期券	1
yúkuài	愉快	楽しい	2

Z

zài	在	〜で	5
zài	在	〜にいる、〜にある	8
zài	在	〜しているところ	12
zài	再	もう一度、再び	14

zàijiàn	再见	さようなら	発
zánmen	咱们	私たち（聞き手を含む）	1
zǎoshang	早上	朝	14
zázhì	杂志	雑誌	6
zěnme	怎么	どう、どのように	8
zěnmeyàng	怎么样	どうですか	2
zhāng	张	枚	6
zhǎo	找	探す	12
zhǎobudào	找不到	見つけられない	14
zhǎodào	找到	みつかる	12
zhǎodedào	找得到	見つけることができる	14
zhàopiàn	照片	写真	6
zhe	着	〜している、〜してある	14
zhè	这	この、その；これ、それ	2
zhège(zhèige)			
	这个	この、その；これ、それ	2
zhèli	这里	ここ	6
zhēnde	真的	本当に	15
zhènghǎo	正好	ちょうど、ちょうどよい	6
zhèngzài	正在	ちょうど〜しているところ	
			12
zhèr	这儿	ここ	6

zhīdào	知道	知っている、わかる	3
zhīfùbǎo	支付宝	アリペイ	9
zhǒng	种	種類	7
zhōngcān	中餐	中華料理	11
zhōngcānguǎn			
	中餐馆	中華料理店	11
Zhōngguó	中国	中国	1
Zhōngguórén			
	中国人	中国人	1
Zhōngwén	中文	中国語、中文	9
zhōumò	周末	週末	11
zhǔnbèi	准备	準備する	12
zìxíngchē	自行车	自転車	5
zǒngshì	总是	いつも	15
zuì	最	最も	10
zuìduō	最多	最も多い、多くとも	10
zuìjìn	最近	最近	2
zuò	做	する、作る	3
zuò	坐	乗る、座る	4
zuótiān	昨天	昨日	7
zuòyè	作业	宿題	14

中国語基本音節表

母音\子音	a	o	e	-i	-i	er	ai	ei	ao	ou	an	en	ang	eng	-ong	i	ia	iao	ie	iou
なし	a	o	e			er	ai	ei	ao	ou	an	en	ang	eng		yi	ya	yao	ye	you
b	ba	bo					bai	bei	bao		ban	ben	bang	beng		bi		biao	bie	
p	pa	po					pai	pei	pao	pou	pan	pen	pang	peng		pi		piao	pie	
m	ma	mo	me				mai	mei	mao	mou	man	men	mang	meng		mi		miao	mie	miu
f	fa	fo						fei		fou	fan	fen	fang	feng						
d	da		de				dai	dei	dao	dou	dan	den	dang	deng	dong	di		diao	die	diu
t	ta		te				tai		tao	tou	tan		tang	teng	tong	ti		tiao	tie	
n	na		ne				nai	nei	nao	nou	nan	nen	nang	neng	nong	ni		niao	nie	niu
l	la		le				lai	lei	lao	lou	lan		lang	leng	long	li	lia	liao	lie	liu
g	ga		ge				gai	gei	gao	gou	gan	gen	gang	geng	gong					
k	ka		ke				kai	kei	kao	kou	kan	ken	kang	keng	kong					
h	ha		he				hai	hei	hao	hou	han	hen	hang	heng	hong					
j																ji	jia	jiao	jie	jiu
q																qi	qia	qiao	qie	qiu
x																xi	xia	xiao	xie	xiu
zh	zha		zhe	zhi			zhai	zhei	zhao	zhou	zhan	zhen	zhang	zheng	zhong					
ch	cha		che	chi			chai		chao	chou	chan	chen	chang	cheng	chong					
sh	sha		she	shi			shai	shei	shao	shou	shan	shen	shang	sheng						
r			re	ri					rao	rou	ran	ren	rang	reng	rong					
z	za		ze		zi		zai	zei	zao	zou	zan	zen	zang	zeng	zong					
c	ca		ce		ci		cai		cao	cou	can	cen	cang	ceng	cong					
s	sa		se		si		sai		sao	sou	san	sen	sang	seng	song					

ian	in	iang	ing	iong	u	ua	uo	uai	uei	uan	uen	uang	ueng	ü	üe	üan	ün
yan	yin	yang	ying	yong	wu	wa	wo	wai	wei	wan	wen	wang	weng	yu	yue	yuan	yun
bian	bin		bing		bu												
pian	pin		ping		pu												
mian	min		ming		mu												
					fu												
dian			ding		du		duo		dui	duan	dun						
tian			ting		tu		tuo		tui	tuan	tun						
nian	nin	niang	ning		nu		nuo			nuan				nü	nüe		
lian	lin	liang	ling		lu		luo			luan	lun			lü	lüe		
					gu	gua	guo	guai	gui	guan	gun	guang					
					ku	kua	kuo	kuai	kui	kuan	kun	kuang					
					hu	hua	huo	huai	hui	huan	hun	huang					
jian	jin	jiang	jing	jiong										ju	jue	juan	jun
qian	qin	qiang	qing	qiong										qu	que	quan	qun
xian	xin	xiang	xing	xiong										xu	xue	xuan	xun
					zhu	zhua	zhuo	zhuai	zhui	zhuan	zhun	zhuang					
					chu	chua	chuo	chuai	chui	chuan	chun	chuang					
					shu	shua	shuo	shuai	shui	shuan	shun	shuang					
					ru	rua	ruo		rui	ruan	run						
					zu		zuo		zui	zuan	zun						
					cu		cuo		cui	cuan	cun						
					su		suo		sui	suan	sun						

著者

鄭 高咏（高永 洵子）
　北京出身
　愛知大学教授

表紙・本文デザイン・イラスト　　富田 淳子

―――――――――――――――――――――――――――

音読から始める中国語　アイテム 15

―――――――――――――――――――――――――――

検印
省略　　　　　　　© 2021 年 1 月 31 日　初 版 発 行

著　者　　　　　　鄭 高咏（高永 洵子）

発行者　　　　　　原　　雅　　久
発行所　　　　　　株式会社 朝 日 出 版 社
〒 101-0065　東京都千代田区西神田 3－3－5
電話(03) 3239-0271・72(直通)
振替口座　東京　00140-2-46008
http://www.asahipress.com/
倉敷印刷

―――――――――――――――――――――――――――

乱丁・落丁本はお取り替えいたします
ISBN978-4-255-45346-0 C1087